10대를 위한

이븐 바투타 여행기

10대를 위한

이븐 바투타 여행기

김승신 지음 ◗ 정수일 감수

두레

일러두기

1. 거리를 나타내는 단위는 야드파운드법(마일, 야드 등)을 미터법(킬로미터, 미터 등)으로 환산해서 표기했다. 예) 1마일→약 1.6킬로미터.

2. 본문의 괄호 안 내용은 모두 저자(김승신)의 부연설명이다.

3. 이 책은 1987년 레바논의 다룰 쿠투빌 일미야가 간행한 『이븐 바투타 여행기』를 바탕으로 정수일 한국문명교류연구소 소장이 완역(2001)한 것을 토대로, 번역본의 내용이 훼손되지 않는 범위 내에서 청소년이 읽기 쉽게 다시 정리했다.

4. 이슬람력은 우리가 흔히 사용하는 양력과 체계가 다르다. 이슬람에서는 원년(1월 1일)을 무함마드가 메카에서 메디나로 이주한 622년 7월 16일로 삼는다. 또한 1년이 354일 또는 355일로, 태양력보다 10일 이상 짧다. 1년은 열두 달로 양력과 같다. 그러나 그중 열한 달은 30일인 달 6회와 29일인 달이 5회로 교대로 나뉘고, 12월은 30년 주기로 변하는데 30년 주기 동안 11년은 30일, 19년은 29일이 된다. 30일과 29일이 되는 시기는 그때마다 다르다. 이 책에서는 독자들의 이해도 돕고, 이븐 바투타 여행기 원본의 의미도 살리고자 가능한 한 양력과 이슬람력을 함께 적었다.

『이븐 바투타 여행기』를 읽는 독자에게

『이븐 바투타 여행기』는 아랍의 낯설고 긴 사람 이름과 지명, 또 우리와 다른 정치·사회적 배경이 담긴 낱말들 때문에 읽기가 쉽지 않다. 슬슬 읽히기보다는 중간중간 마주하는 낯선 단어들 때문에 '읽기를 포기해야 하나' 망설이게 한다. 하지만 여행기의 재미란 무엇일까. 직접 가 보지 못한 곳의 풍물을 간접적으로 보고 느끼는 것. 특히 700여 년 전의 세계와 만나는데, 생소하고 긴 이름 따위는 처음에만 이질감을 줄 뿐 크게 문제가 되리라 생각지 않는다.

익숙하지 않다면 즐겨 보자. 책장을 펴고 낯선 이름과 지명, 색다른 정치·사회적 배경을 머릿속에 그리다 보면 어느덧 700여 년 전으로 시간 여행을 떠나게 된다.

그때도 오늘날과 다르지 않았다. 어느 도시는 그전보다 낙후되었다 발전했고, 어떤 도시는 그전에는 화려했다지만 당시의 흔적만 남았다. 700여 년이 지난 현재는 어떠한가. 교회가 많았던 이스탄불은 오늘날 이슬람 사원들로 바뀌었고, 피라미드의 위용에 놀란 이븐 바투타의 모습은 오늘날 여행객들에게도 그대로 비쳐진다. 무슬림답게 더욱 세밀하게 묘사했던 메카나 예루살렘은 지금도 여전히 이슬람의 성지로 사람들의 발길이 이어지고 있다. 수로가 아름다운 중국 항저우는 예나 지금이나 활기찬 모습 그대로다. 낯설기도 하고, 익숙하기도 한 지명들을 따라가다 보면 어느덧 자신이 과거와 현재를 오가며 이븐 바투타와 함께 세계를 누비고 있음을 발견하게 될 것이다.

이븐 바투타는 꼼꼼한 기록자다. 세계 곳곳을 누비며 방문지의 특이한 풍습을 상세히 적어 놓았다. 700여 년이 지난 지금 어떤 곳의 풍습은 사라졌지만 어떤 도시는 여전히 남아 있다. 죽은 남편을 따라 불 속에 뛰어드는 분신의 풍습은 아직도 인도 일부 지역에서 악습으로 전해 오고 있지만, 교통의 발달로 역참제는 자취를 감추었다. 낯선 이가 도시에 나타나면 초상화를 그려 그를 주목하던 중국의 풍습은 오늘날 24시간 돌아가는 CCTV가 사방을 비추는 탓에 사라졌다. 이 밖에도 여성과 남성 관계에서 여성 위주의 삶이 존재했다는 점이나 낯선 이방인과 결혼해도 이방인이 떠날 때는 그 지역을 끝까지 지키는 여성들의 삶은 현대를 살아가는 우리가 상상하기 힘든 모습이다.

가장 놀라운 점은 그 시대 종교의 벽을 넘어선 교류다. 현재도 첨예한 문제로 남아 있는 종교 간의 갈등이 14세기엔 어떤 모습이었는지 여행기에서 생생하게 살펴볼 수 있다.

이븐 바투타가 여행했던 시기는 11세기 말에서 13세기 말까지 있었던 십자군 전쟁이 끝난 뒤였다. 그러나 전쟁이 끝난 뒤라는 이유로 이슬람교와 기독교 간의 갈등을 예견하고 책을 펼쳤다면 편견이었음을 알 수 있을 것이다. 그 대표적인 예는 이븐 바투타의 이스탄불 방문에서 볼 수 있다. 물론 그곳까지 가는데 호위군들이 있고, 왕의 배려도 있었지만, 무슬림을 경계하는 모습이 생각보다 심하지 않아서 놀랍다. 또한 14세기의 시대적 배경이 이슬람의 확장 시기였기 때문인지, 이븐 바투타가 방문한 장소에서 무슬림을 적대시하는 모습은 보기 어려웠다.

오늘날 세계가 하루 생활권이 되고 언어의 소통도 수월해지면서 여행자들은 훨씬 많이 늘어났다. 여행자가 증가한 만큼 블로그나 인스타그램, 페이스북 등을 보면 취미 삼아 혹은 자기 기록으로 자신만의 여행기를 남기는 사람들도 많아졌다. 시대는 다르지만 이븐 바투타는 이들의 선구자가 아닐까. 여행기는 여행을 떠나려는 사람에게 목적지에 대한 사회·문화적 정보를 주거나 여행지를 간접적으로 이해시키고 길을 떠나기에 앞서 꿈을 갖게 한다. 그렇다면『이븐 바투타 여행기』는 어떨까.

『이븐 바투타 여행기』는 지금 당장 사용할 쓸모 있는 정보를 주지는 않는다. 그러나 여행기는 과거와 현재를 이어주고 미래를 상상하게 한다. 생각해 보라. 여행기 속의 도시나 풍습 중 생생하게 전달된 그 모습이 오늘날엔 신기루처럼 사라지고 없다. 또 어떤 도시는 지금도 긴 세월을 이겨내고 건재하다. 미래에 과연 무엇이 사라지고 어떤 것이 남아 있을까. 이런 점들을 곱씹으며 읽다 보면, 여행을 떠나든 떠나지 않든 상관없이 이븐 바투타를 시간의 길친구 삼아 과거에서 현재로 그리고 미래까지도 넘나들게 될 것이다.

그리고 기회가 된다면 꼭 2권으로 완역된 번역본을 읽어보길 권한다. 지금 읽고 있는 이 책이 이븐 바투타가 겪은 기이한 경험들을 주로 엮었다면 완역본은 이 책이 미처 다루지 못한 이븐 바투타의 신앙심이 잘 나타나 있다. 예를 들면, 성인의 이름을 호명한 뒤에는 반드시—그에게 평화를—같이 축복을 비는 형식이다. 또한 이 책에서는 오늘날에 익숙한 지역들을 주로 다뤘다면 완역본에서는 정말 낯선 지역과 그 지역 문화와 당시 역사까지 세세하게 설명하고 있어서 여행기와 더불어 역사책을 읽는 즐거움도 누릴 수 있다.

바라건대 『이븐 바투타 여행기』를 읽으며 그 시대 문화상과 종교상을 보고 '옳다 또는 그르다'라고 생각하기보다는 지금과 얼마나 비슷하고 얼마나 다른지를 짚어보며 14세기를 이해하기 바란다. 이런 마음으로 책을 읽다 보면 시대를 초월한 진정한 여행자가 될 수 있을 것이다.

차례

이븐 바투타는 누구인가?

이븐 바투타(Ibn Batutah)는 1304년 2월 24일 아프리카 서북부 모로코의 톼자(오늘날 탕헤르)에서 태어났다. 그의 가정은 베르베르계(나일 계곡 서쪽 북아프리카의 토착 민족)의 라와타 부족 가문으로, 본인은 물론 사촌도 법관을 지냈다는 사실로 미루어 볼 때 법조계 집안이라 할 수 있다.

30여 년 동안의 여행 과정을 제외하고 이븐 바투타의 생애는 자세히 알려지지 않았다. 그는 유년기에 전통적인 이슬람 교육을 받아 독실한 무슬림으로 성장했고, 21살의 젊은 나이에 혈혈단신으로 성지순례와 이슬람 동방세계 탐구의 대장정에 나섰다. 철두철미하게 이슬람 문화 속에서 교육받은 샤이흐(아랍 어로 '노인' 또는 '늙은 장로'라는 뜻)이자 법관으로, 30여 년간 여행하면서 네 차례나 성지(聖地) 메카를 순례했고, 여행 내내 샤이흐의 신분으로 예우를 받으며 다른 이슬람 국가들의 명사들을 만났다. 법관이자 샤이흐의 신분이었기에 인도의 델리와 지바툴 마할(오늘날 몰디브 제도)에서 법관을 지냈고, 인도 델리 술탄의 특사로 중국 원나라 순제(1320~1370)에게 파견되기도 했다.

중국 취안저우(자이툰) 해외교통사박물관에 있는 이븐 바투타 조각상.

    오랫동안 여행하고 귀향해서 여행기를 쓴 뒤의 행적은 남아 있지 않다. 다만 모로코에 있는 한 마을에서 재판관으로 활동하다가 1368년경 사망하여 그의 고향인 탕헤르에 묻혔다고 전해진다.

『이븐 바투타 여행기』는 어떤 책인가?

『이븐 바투타 여행기(Rihlatu Ibn Batutah)』는 모로코 인이었던 이 븐 바투타가 1325년부터 1354년까지 30여 년간 중근동 서남아 시아, 유럽, 동아프리카, 중국 등 오늘날의 국경을 기준으로 44 개국 12만 킬로미터를 여행한 기록을 적어 놓은 것이다.

이븐 바투타는 1325년 메카 성지순례를 위해 길을 나섰지만 순례를 마친 뒤에 곧바로 고국으로 돌아가지 않고 아시아와 유 럽을 누볐다. 30여 년간의 여행을 마치고 고향으로 돌아온 그는 모로코 술탄(군주)의 명령에 따라 여행기를 쓰기 시작해서 채 2 년도 되지 않은 1355년 12월에 집필을 마쳤다.

그러나 오늘날 이븐 바투타가 직접 쓴 원본은 사라져 전해 지지 않는다. 현재까지 전해지는 책은 '가급적 언어를 다듬고 윤색하여 그 뜻을 명확히 살리라'는 술탄의 명령을 받은 당대 시인이자 명문장가인 이븐 주자이 알 칼비(Ibn al-Juzayi al-Kalbi, 1321~1357)가 이븐 바투타의 원문을 정리하여 엮은 것이다. 그 래서 책의 원래 제목도 『여러 지방의 기사(奇事)와 여러 여로(旅 路)의 이적(異蹟)을 목격한 자의 보록(寶錄)』으로 되어 있지만, 일

탕헤르에 있는 이븐 바투타 석관.

반적으로 『이븐 바투타 여행기』로 불린다.

　『이븐 바투타 여행기』는 크게 세 부분으로 나뉜다. 첫 번째는 25년 동안 고향인 북아프리카 모로코의 탕헤르를 떠나 성지를 들러 서아시아와 중앙아시아를 거쳐 인도에 머물다 중국의 베이징까지 갔다가 고향으로 돌아온 여정이다. 여행기의 대부분은 처음 여정이었던 이 기간의 여정 25년간의 이야기가 차지한다. 두 번째는 고향에 돌아온 뒤 당시 이슬람 세력의 지배를 받던 스페인의 그라나다까지 2년여에 걸쳐 둘러본 것이고, 세 번째는 스페인에서 귀향한 뒤에 술탄의 명을 받아 다시 3년 동안 아프리카 서부를 여행한 부분이다.

『이븐 바투타 여행기』는 14세기의 크고 작은 세계 도시들의 풍경과 그곳에 사는 사람들의 삶과 풍습을 사진으로 찍듯이 기술해서, 독자에게 마치 그 시대로 돌아가 있는 듯한 느낌을 갖게 한다. 이는 이븐 바투타가 법관의 신분이었기에 한 나라의 위정자를 바로 곁에서 만날 수 있었고, 호기심 많은 여행자여서 알려지지 않은 마을 구석구석까지 탐험했기에 가능했다. 또한 이름 모를 열병에 시달리기나, 풍랑에 휘말려 생사의 갈림길에 놓일 때에도, 나아가 전쟁터에서 포로가 되면서도 끝까지 여행을 포기하지 않았던 그의 열정이 이 여행기를 만들었다. 그렇기에 그의 여행기에 묘사된 낯선 장소, 사람 그리고 그들이 만들어 놓은 삶과 생활, 그 어느 것도 소중하지 않은 것이 없다.

이븐 바투타의 글은 어둠 속에서 4백여 년 동안 침묵하고 있었다. 그러다가 1808년 독일의 아랍 탐험가였던 제첸(Seetazen)에 의해 처음 필사본이 발견되면서 세상의 주목을 받았다. 그 뒤 여러 나라 언어로 번역되었지만 원문이 난해해 완역되는 것은 쉽지 않았다. 하지만 1829년 영국의 새무얼 리(Samuel Lee)가 영문 초역본으로 최초의 번역본을 출간한다. 그리고 마침내 1853년부터 1858년 사이에 프랑스 파리에서 『이븐 바투타 여행기』라는 제목으로 아랍어 원문이 첨부된 총 4권의 첫 완역본이 세상에 빛을 보게 된다. 이후 다양한 언어로 소개되면서 오늘날에는 15개 언어로 번역되어 세계 4대 여행기(혜초의 왕오천축국전, 마르코 폴로의 동방견문록, 오도릭의 동방기행 그리고 이븐 바투타 여행기) 중

이브 바투타 여행기의 원서.

하나로 세계 각국에서 읽히고 있다.

이 책은 1987년 레바논의 다룰 쿠투빌 일미야가 간행한 『이 브 바투타 여행기』를 바탕으로 한국문명교류연구소 정수일 소 장이 완역(2001)한 것을 토대로 다시 쓴 것이다. 초본이 16장 128 절로 구성되어 있고, 정수일 소장의 번역본 역시 그 구성대로 책 2권으로 이루어졌다. 그러나 분량이 방대하여, 번역본이 훼 손되지 않는 범위 내에서 청소년이 읽기에 지루하지 않도록 간 결하게 썼다.

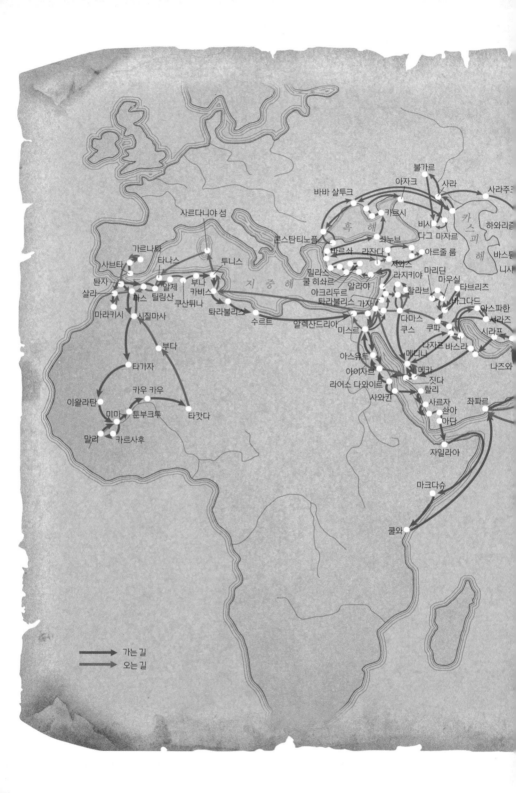

불가르
아자크
사라
사라주
바바 살투크
카르시
비시
하와리즘
콘스탄티노플
흑해
좌눕브
다그 마자르
바스트
사르다니아 섬
바르사
라잔다
아르줄 룸
니사
투니스
자와스
밀라스
마리딘
마우실
타브리즈
가르나타
타나스
쿨 히쇼르
라지키야
사브타
알제
부나
지중해
알라야
할라브
바그다드
아스파한
퇸자
파스
틸림산
카비스
아크리두르
타브리즈
시라즈
살라
마라키시
시질마사
쿠산튀나
타라불리스
타라불리스
가자
다마스
쿠파
시라프
부다
수르트
알렉산드리아
미스르
쿠스
나자프
바스라
나즈와
타가자
아스유트
메디나
메카
카우 카우
아이자브
짓다
이왈라탄
미마
툰부크투
타칸다
라어스 다와이르
할리
자파르
말라
카르사후
사와킨
사르자
솬아
아단
자일라아
마크다슈
쿨와

가는 길
오는 길

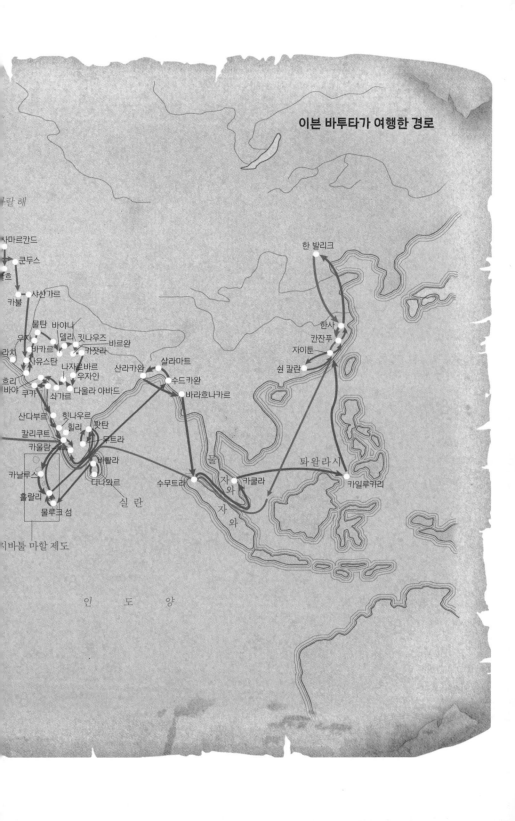

이븐 바투타가 여행한 경로

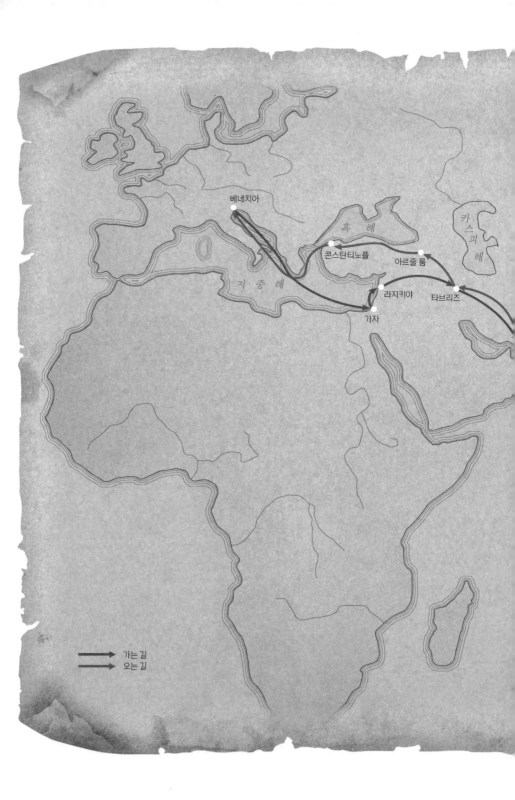

베네치아

흑 해

카
스
피
해

콘스탄티노플

아르줄룸

타브리즈

지 중 해

라지키야

가자

가는 길
오는 길

마르코 폴로가 여행한 경로

아랄 해

카시가르
야르칸드
호탄
로프
차르찬
사주
란저우
닝샤
텐트크
상두
한 발리크
타이위안
시안
청두
다리
윈난
맨켜청
양주
한사
휘난
자이툰

쏴가르

카울람
디나와르
실란
수무트라
자와
자와
탸왈라시

지바틀 마할 제도

인 도 양

1

성지순례를 떠나다

마그리브에서 이집트까지 (1325-1326)

탄자에서 알렉산드리아까지.

나는 1325년 여름의 어느 목요일(이슬람력 725년 7월 2일), 내 나이 갓 21살 때 성지순례를 위해 고향인 탄자(오늘날 모로코 탕헤르)를 떠났다. 무슬림(이슬람교를 믿는 사람)에게 성지순례란 메카의 신성한 사원 안에 있는 검은 돌(일명 '알라의 집')인 카아바(Ka'aba)를 순례케 하고, 이슬람의 교조인 무함마드(Muhammad, 570~632)의 묘소를 참배하는 것을 말한다. 젊은 나이에 함께 떠나는 친구 하나 없이 홀로 떠나는 순례길이었지만 내 마음은 성지순례에 대한 의지로 가득 차 있었다. 길을 떠날 당시는 순례만 하고 돌아올 생각이어서 부모님과 헤어지는 아픔은 잠시뿐일 것이라고 생각했다. 그러나 그것은 영원한 이별이 되었다. 내가 고향으로 돌아왔을 때 부모님은 이미 돌아가셨기 때문이다. 그동안 탄자의 지도자도 아부 사이드에서 아부 알 하산으로 바뀌어 있었다.

나는 순례를 떠났던 30여 년이린 긴 시긴 동인 하늘이 내려주신 것과 같은 은혜를 경험했고, 또한 여러 기적을 만났다. 내가 첫 번째로 꼽는 은혜는 길을 떠난 지 얼마 안 되어서 바로 나타났다.

톼자를 떠나며 나는 두 법학자와 길을 함께하기로 했다. 하지만 갑사기 일이 생기는 바람에 나는 그들과 함께하지 못하고 사흘이나 늦게 출발했다. 두 사람을 따라잡을 무렵 무더위가 기승을 부렸다. 극심한 무더위에 결국 두 법학자 모두 열병에 걸렸는데, 그중 한 사람은 그만 숨을 거두고 말았다. 하는 수 없이 나는 혼자 알제를 거쳐 비자야에 도착했다. 하지만 공교롭게도 이번에는 내가 병에 걸렸다. 앞서 헤어졌던 법학자는 병이 나을 때까지 비자야에 머물라고 했지만 나는 이왕 죽을 목숨이라면 히자즈 땅으로 가는 길에서 눈을 감겠다며 거절했다.

내가 죽어서라도 밟고 싶어 하는 히자즈(Hijāz)란 사우디아라비아의 서쪽으로 홍해 연안이다. 로마 시대부터 중요한 교역지로 이슬람교의 창시자인 무함마드가 태어난 메카(Mecca)와 그가 죽은 장소인 메디나(Medina)가 자리하고 있어 이슬람교도들의 순례가 끊이지 않는 곳이다. 그래서 사람들은 히자즈 지역을 통틀어서 이슬람 성지의 상징이라 부른다.

그러자 법학자는 "이왕 그렇게 결심하셨다면 도중에 원주민의 습격이 걱정되니 가축과 무거운 짐은 팔아 버리고 될수록 가벼운 짐으로 우리를 따라오시죠. 그 대신 가축 한 마리와 천막 하나를 빌려 드리겠습니다"라고 했다. 그래서 나는 그의 말대로 가능한 만큼 짐을 줄인 뒤 그가 빌려 주는 것들을 받아 여행을 계속했다. 이것이 히자즈로 가면서 처음 받았던 은혜이다.

날씨가 변덕스럽다 보니 노숙을 하면서 느닷없이 큰 비를 만나기도 했다. 쿠산튀나(오늘날 알제리 콘스탄틴)를 지날 때 그곳의 시장은 비에 젖은 내 옷을 보자 하인들을 시켜 씻을 수 있도록 해 주고 허름해진 머리쓰개도 바꿔 주었다. 이것도 내가 받은 첫 시주물이다.

다시 길을 가다 얼마 안 되어서 나는 또 병에 걸렸다. 지친 몸을 억지로 추스르며 다음 목적지인 투니스(오늘날 튀니지 수도 튀니스)에 도착했다. 사람들이 저마다 오랜 여행에서 돌아온 일행들을 반갑게 맞이하느라 떠들썩했지만, 나는 반기는 사람 하나 없이 모두 생면부지였다. 그 순간 나는 서러움이 복받쳐 올라 눈물이 났다. 그러자 내 사정을 측은하게 여긴 다른 순례자들이 다가오더니 내게 친절을 베풀어 주는 것이 아닌가. 그 순간 서러움도 연기처럼 사라져 버렸다.

나는 길을 떠난 뒤 처음으로 투니스에서 피트르 절°을 맞이했다. 그리고 톼라불리스(오늘날 트리폴리)에서 아드하 절°을 보냈다.

톼라불리스에서 아드하 절을 보내면서 나는 독실한 이슬람교도인 투니스 인의 딸과 결혼했지만 곧 이혼했다. 그 뒤 파스의 어느 학자의 딸과 재혼했다. 그리고 그다음에도 나는 인도, 지바툴 마할 제도(오늘날 몰디브), 자와 등 가는 곳마다 현지 여인과 결혼하여 수많은 자녀를 두었다. 또한 여행을 떠난 지 얼마 안 되어 성지순례단의 법관으로 추대되기도 했다. 여행은 이렇게 가는 곳마다 내가 예상하지 못한 일들을 만들어 냈다.

우리 일행은 이집트의 첫 도시 알렉산드리아에 도착했다. 지중해 연안 나일 강 하구, 삼각주 서쪽 편에 있는 알렉산드리아는 기원전 4세기 마케도니아 왕 알렉산드로스가 동방 원정을 위해 건설한 도시다. 자연적인 지형구조상 사방의 지세가 험악해서 적들이 쉽게 넘보지 못하는 항구로 유명하다. 그래서 도시 발전과 요새화가 가능했다. 도시 건물들은 웅장하면서 정교하

피트르 절(이드 알 피트르)과 아드하 절(이드 알 아드하)은 이슬람의 2대 명절이다. 이드 알 피트르의 '이드'는 명절이라는 뜻이고, '피트르'는 금식이 끝났다는 것을 뜻한다. 결국 피트르 절은 이슬람력으로 9월 한 달간 금식 기간을 마치고 10월 1일부터 3일간 즐기는 축제를 말한다. 이때 사람들은 너나없이 멋지게 차려입고 명절을 즐긴다.

아드하 절의 '아드하'는 아랍어로 희생물의 헌납, 가축 도살이라는 뜻으로, 이드 알 아드하란 희생절을 뜻한다. 희생절은 매년 금식달인 라마단이 끝나고 70일 뒤에 있다. 이때 희생물로 낙타, 소, 양 따위를 잡는데, 고기의 3분의 1은 본인이 사용하고 3분의 1은 가까운 이웃에게, 그리고 나머지는 어려운 사람과 나누게 되어 있다. 이런 동물의 희생은 알라에게 순종한다는 표시이다.

알렉산드리아 가상도.

고, 숭고함과 장엄함에 아름다움이 곁들여져 단연 독보적이다.
또한 동서 중간에 자리하고 있어 각 지역의 신기한 생산물들이
모두 모여드는 곳이었다.

  알렉산드리아에는 큰 항구가 있는데, 30여 년간 세상을 돌아
다닌 경험에 비춰 인도의 카울람(오늘날 인도 퀼론) 항과 칼리쿠트
(오늘날 인도 코지코드. 옛 이름은 캘리컷) 항, 투르크의 카파르(오늘날 터
키 제노세) 항, 그리고 중국의 자이툰(오늘날 중국 취안저우) 항을 제
외하고 나는 이렇게 큰 항구를 본 적이 없다.

  항구 쪽으로는 파로스 등대(알렉산드리아의 등대라고도 하며, 고대
의 7대 불가사의 중 하나로 유명함)가 있다. 등대는 하늘 높이 솟은 네

파로스 등대 복원도.

모반듯한 건물로 문은 지상에 나 있지만 한쪽 벽은 이미 무너졌다. 문 안에는 등대지기의 잠자리가 있고, 내부에는 방이 꽤 많았다. 등대는 높은 언덕 위에 서 있는데, 삼면이 바다로 에워싸인 길쭉한 육지에 세워져 있고, 바다는 성벽과 닿아 있다. 그래서 육지에서 이 등대로 가려면 시내 쪽에서 가야만 하는데, 등대에서 시내까지의 거리는 1파르사흐(약 6.24km)다. 나는 1349년(이슬람력 750년) 마그리브(마그리브는 아랍 어로 '해 지는 곳'으로 '서방', '서쪽'을 뜻함. 대체로 이집트 동쪽의 이슬람 세계는 '마슈리크', 즉 해 뜨는 곳이라 하고, 서쪽은 '마그리브'라고 함. 21세기에는 마그리브가 모로코의 고유명사로 정착됨)로 돌아가는 길에 다시 이곳에 들렀다. 그러나 등대

파로스 등대가 있던 곳에 세워진 카이트베이 요새.

는 이미 폐허가 되어 들어갈 수 없었다. 파로스 등대는 14세기 동부 지중해를 뒤흔든 엄청난 지진에 의해 무너졌다고 한다. 나는 운 좋게 첫 번째 방문에서 파괴되지 않은 등대를 기억 속에 남길 수 있었다 [오늘날 파로스 등대 자리에 남아 있는 것은 1477년 맘루크 술탄 카이트베이(Qaitbay)가 지은 요새이다].

나는 알렉산드리아에서 내 운명을 결정지을 사람들을 만났다. 나는 이들의 이야기를 듣고 메카 이외의 지역까지 여행할 결심을 했는데, 그중 한 사람이 이맘 부르한 딘이다(이맘의 원래 뜻은 '수령' 또는 '인도자'로, 이슬람교에서는 예배를 비롯한 종교 행사를 주관하거나 무슬림 집단을 지도하는 사람을 가리킴. 그 외에 덕망 있는 학자, 사원

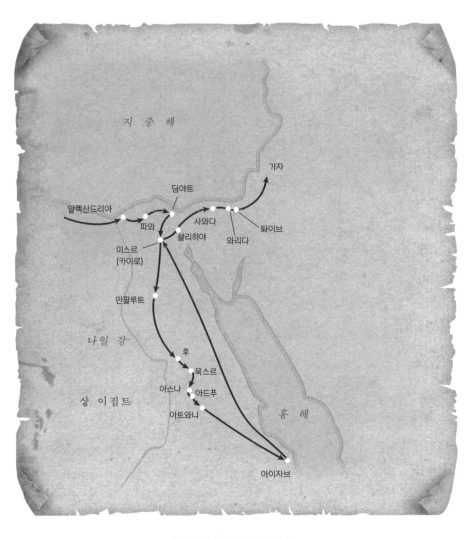

알렉산드리아에서 가자까지.

안에 있는 전속 이맘 등의 뜻으로도 사용됨). 부르한 딘은 학자이며 경건하고 겸허한 수행자로 나는 사흘간 그의 대접을 받았다. 어느 날 그가 내게 "보아하니 자네는 여러 나라를 여행하고 돌아보길 좋아하는 것 같네"라고 말하며, "인샬라, 자네는 꼭 한번 인도에 있는 파리둣 딘과 신드에 있는 루크눗 딘 지그리야, 그리고 중국에 있는 부르하눗 딘 등 내 형제들을 찾아보게. 그들을 만나면 내 인사를 전해 주게"라고 하는 것이 아닌가. 그때까지만 해도 나는 인도나 중국 같은 먼 나라에 대해서는 생각한 적이 없었다. 그러나 그의 말을 듣고 갑자기 흥미를 느껴 그곳에 가 보고 싶은 마음이 들었다. 그 후 나는 이맘 부르한 딘이 말한 곳에서 세 명을 모두 만나 이맘의 인사를 전했다.

또 알렉산드리아에 머물고 있을 때 나는 수행자 샤이흐 아부 압둘라 알 무르쉬디에 관해 듣게 되었다(샤이흐는 아랍 어로 '노인', '늙은 장로'라는 뜻으로, 이슬람교에서 종교적으로 권위와 신망 있는 사람을 높여 부를 때 사용하는데, 행정조직에서는 집단의 장을 말함). 아부 압둘라 일 무르쉬디는 위대한 구도자의 한 사람으로, 세상을 등지고 은거하고 있었다. 샤이흐는 시중꾼이나 함께 도를 닦는 벗 하나 없이 홀몸으로 지내면서 날마다 그를 찾아오는 각계 대표들이나 왕자들, 대신들을 예방했다. 나도 이 샤이흐를 만나기 위해 알렉산드리아를 떠나 그가 머물고 있다는 파와 부근으로 갔다.

내가 샤이흐가 있는 곳에 들어서자 그는 자리에서 일어나 나를 맞으며 꼭 껴안았다. 그러고는 음식을 갖고 와 권하기도 하고, 신시예배(무슬림들의 하루 다섯 차례 예배 중 세 번째 예배로, 해가 중천에서 서쪽으로 45도 기울어질 때부터 해가 지기 전까지의 시간대, 즉 오후 3~5시에 행하는 예배)에서는 예배를 온 사람들에게 일일이 나를 소개했다.

샤이흐의 집에서 접대를 받으며 지내던 어느 날 잠자리에 들려 할 때 그는 내게 평대 위에서 자길 권했다. 한창 무더울 때라 나는 평대 위에서 자기로 하고, 금세 잠에 빠져들었다. 그날 밤, 나는 기이한 꿈을 꾸었다. 꿈속에서 나는 큰 새의 날개에 올라

○ ○

아랍 인의 이름은 길어서 한눈에 읽기가 복잡하다. 그러나 이름의 원리를 알고 나면 그들의 문화까지도 이해할 수 있다. 아랍 인들은 자신의 이름 속에 본인의 이름 이외에 아버지, 할아버지, 부족 이름 또는 출신 지역 이름 순으로 전체 이름을 짓는다. 이름으로 자신의 정체성을 분명히 하는 것이다. 그래서 개인의 이름을 보면 가족 구조와 고향까지도 짐작할 수 있다.

예를 들면, 이븐 바투타의 본래 이름은 '아부 압둘라 무함마드 븐 압둘라 븐 무하마드 븐 이브라힘 알 라와티 알 탄지'이다. 여기서 '븐'은 누구의 '아들'이란 뜻으로, 이븐 바투타는 알 탄지 지역 출신의 알 라와티 부족의 이브라힘의 아들인 무함마드의 아들인 아부 압둘라 무함마드라는 뜻이다.

근래에 들어선 대체로 '아들'이란 글자를 생략하여 '븐' 또는 '이븐'을 사용치 않거나, 유명인을 비롯한 일부 사람들은 출생지 위주로 '~ 출생지의 아들'이라는 별칭을 사용하거나 '아부' 즉 '아버지'라는 글자를 첨가해 '~의 아버지'라는 별칭도 쓴다.

○ ○

타고 끼블라(무슬림이 예배드리는 방향)를 향해 훨훨 날다가 다시 예멘을 향해 날기도 했다. 그러다 새는 또다시 동쪽, 남쪽으로 방향을 바꿔 날더니 어느새 다시 동쪽으로 날아 푸르죽죽한 땅에 나를 내려놓는 것이 아닌가.

꿈에서 깨어난 나는 꿈이 하도 이상해서 속으로 소문처럼 용한 샤이흐가 해몽해 주길 바랐다. 아침예배를 마치고 샤이흐가 나를 불러 간밤의 꿈에 대해 물었다. 자초지종을 이야기했더니 샤이흐는 예언하기를 "앞으로 자네는 성지순례를 하고 선지자를 만나게 될 걸세. 그리고 예멘과 이라크, 소아시아, 그리고 인도까지 두루 돌아볼 걸세. 인도에선 오랫동안 머무르면서 달샤드란 인도 사람을 만날 것이며, 어려울 때 그가 자네를 구해 줄 걸세"라고 말하며 노자로 은화와 과자를 주었다.

그와 헤어진 뒤 정말로 샤이흐의 해몽대로 나는 인도, 예멘, 이라크, 소아시아 등지를 돌아다녔다. 나는 또, 샤이흐 아부 압둘라 알 무르쉬디처럼 앞길을 예언한 또 한 사람을 만나게 되는데, 바로 인도에서 만난 현인 무함마드 무와라흐이다.

알렉산드리아에서 다시 길을 떠난 나는 메카로 바로 가지 않고 나일 삼각주를 거쳐 갔다. 삼각주 안에 있는 딤야트는 그중 가장 인상 깊은 곳이었다. 땅이 넓고 과일도 다양하고 도시 구획 정리가 특이해 좋은 것은 다 갖춰져 있었다. 강가의 인가들은 계단을 설치해 강가를 오르내리고, 물통으로 강물을 퍼 올렸다. 누구든 일단 딤야트 시내에 들어가면 시장의 인장이 찍힌

허가증 없이는 돌아 나올 수가 없는 법규가 있다. 그래서 어떤 사람은 관인이 찍힌 종이쪽지를 성 문지기에게 보이기도 하고, 어떤 이는 심지어 팔에 인장을 찍어 보이기도 한다.

우리 일행은 딤야트에서 미스르(오늘날 이집트 카이로)까지는 배를 타고 이동했다. 배를 탈 때 승객들은 식량을 따로 갖고 탈 필요가 없었다. 왜냐하면 마을과 장터가 알렉산드리아에서 미스르, 그리고 다시 상이집트의 아스완까지 강가마다 즐비하게 있어 언제든 강가에 내리고 싶으면 내려서 씻을 수 있었고, 예배를 드리거나 식품을 구할 수도 있었기 때문이다.

배를 타고 들어가 본 미스르는 내가 지나쳐 온 알렉산드리아보다 훨씬 큰 초대형 도시였다. 미스르는 이집트의 어머니 도시

이븐 바투타가 여행하던 14세기의 이집트는 전성기였다. 특히 카이로(미스르)는 바그다드를 대신해 최고로 번영한 곳이었다. 이 시절에 이집트에는 수많은 마스지드와 신학교가 건설되었다. 14세기 카이로를 방문했던 한 페르시아 인은 모국에서 가장 크다는 도시 10개를 합쳐도 카이로 하나만 못할 것이라고 했다. 또한 유럽에서 온 한 여행객도 카이로가 파리보다 7배나 크고, 말을 타고 한 바퀴 도는 데 꼬박 12시간이 걸렸다고 했을 정도이다. 오늘날까지도 카이로는 아랍 문화의 최전선이며, 지중해 지역의 경제·문화 중심지로 꼽힌다. 이븐 바투타 역시 당시 카이로를 두고 이집트의 어머니 도시, '말뚝의 파라오'가 있는 오래된 도시라 불렀는데, "알렉산드리아가 대도시였다면 카이로는 초대형 도시라 할 것이다"라며 카이로의 규모에 매우 놀라워했다.

나일 강의 모습.

로, '말뚝의 파라오'가 있는 오래된 도시다. 땅은 기름지며, 건물은 수도 없이 많고, 모자람 없이 산뜻한 경치가 극에 달한다. 이 도시는 모든 수출입품의 집산지이며, 약자와 강자 모두가 쉬어가는 쉼터다. 또한 여기에서는 학자와 무학자, 엄숙한 자와 해학적인 자, 온후한 자와 미련한 자, 비천한 자와 존귀한 자, 고상한 자와 영예로운 자, 무명인과 유명인, 이들 모두가 서로 함께 살아가고 있다. 문자 그대로 사람들로 물결친다.

미스르는 여러 민족을 대상으로 싸워 승리하고, 그 제왕들은 아랍이나 외국의 수뇌들을 제압했다. 어디를 가나 사람들은 너그럽고, 낯선 사람들에게도 친절하다. 미스르 사람들은 특히 쾌활하고 낙천적이며 노는 것을 즐긴다.

한번은 나세르 국왕의 손 골절상이 다 나았다고 하여 사람들이 한바탕 즐기는 모습을 본 적이 있다. 이때 상인들은 상점에 갖가지 장식품과 비단옷을 걸어 놓아 시장을 울긋불긋하게 단장하는 일을 며칠 동안 계속했다.

내가 그다음으로 인상 깊게 본 것은 미스르를 관통하는 나일 강이다. 당시 이집트는 비가 없어도 나일 강에만 의존해 농사를 지을 수 있었다. 오로지 나일 강에서만 이런 것이 가능했지 다른 곳에서는 강물에만 의존해 농사짓는 곳을 보지 못했다. 미스르를 마주한 나일 강가에는 마을과 도시가 즐비하게 늘어서 있고, 라우다(꽃동산이라는 뜻)라고 부르는 이곳은 유람지로 수려한 화원들이 많았다. 그래서 미스르의 나일 강은 지상의 그 어느 강보다도 감미롭고, 연안 지역이 넓으며, 주는 혜택도 많았다. 또 나일 강에는 관용·민용으로 쓰이는 각종 선박 3만 6천 척이, 위로는 상이집트와 아래로는 알렉산드리아와 딤야트까지 오르내리면서 여러 가지 재물과 기재를 실어 날랐다. 또 미스르에는 낙타로 물장사를 하는 물장수만 1만 2천 명이고, 관개수 물장수는 무려 3만 명이나 되었다. 나는 감히 세상 어디에도 나일 강만한 곳이 없다고 말할 수 있다.

또한 지상에 있는 모든 강과 달리 나일 강은 남에서 북으로 흘렀다. 더욱이 이상한 것은 날씨가 무더울 때 여느 강들은 물이 줄어 말라 버리지만, 나일 강만은 도리어 물이 불고, 반대로 여느 강들이 물이 불어 범람할 때 나일 강만은 물이 준다. 신드 강(오늘날 인도 인더스 강)도 이와 비슷하다.

이집트의 피라미드.

　미스르에서 내 흥미를 끈 또 다른 것은 피라미드와 신전이었다. 이 구조물의 내용과 기원 등에 관해서는 의견이 분분했다. 사람들은 대홍수 전에 일어났던 일에 대한 모든 지식을 상이집트에 처음 정착한 헤르메스(학예와 상업, 변론을 관장하는 그리스 신)로부터 얻었으며, 그 헤르메스가 신성 이드리스라고 말한다. 내가 본 피라미드는 단단한 돌을 쪼아 만든 구조물로, 높고 둥그스름하며 밑변이 넓고 윗변은 좁아 흡사 원추 모양을 하고 있었다. 문이 없어 도대체 어떻게 만들어졌는지 알 길이 없으나 전해 오는 이야기가 있었다.

　대홍수 전에 이집트의 한 왕이 꿈속에서 그를 위협하면서 나일 강 서쪽에 피라미드를 지어 그 속에 학문과 제왕의 시체를 보존해야 한다는 계시를 받았다고 한다. 그래서 왕은 점성가들에게 피라미드를 지은 다음 보존실을 뚫을 수 있는지를 물어봤다. 점성가들은 왼편으로 뚫을 수 있을 것이라 진언하며 뚫을 곳과 비용을 산정했다고 한다. 그러자 왕은 뚫는 데 드는 비용만큼을 그곳에 비축해 두라고 명령했다. 그리고 60년 만에 피라미드는 준공되었고, 명문에는 "우리는 이 피라미드를 60년에 걸쳐 축조했다. 파괴가 건설보다 쉽다고 하지만 누군가 감히 이것을 파괴한다면 600년은 족히 걸릴 것이리라"라고 적어 두었다.

세월이 흘러 이슬람 제국의 제7대 최고 통치자로 등극한 마어문은 이 피라미드를 헐어 버리려고 했다. 이집트의 샤이흐들은 만류했으나 그는 막무가내로 북쪽을 열어 보라고 엄명하여 벽면에 불을 지르고 초를 뿌리며 돌총을 마구 쏘아 댔다. 마침내 작은 구멍이 뚫렸는데, 그 구멍 맞은편에서 돈 뭉치가 발견되었다고 한다. 돈의 무게를 달아 보니 구멍을 뚫는 데 든 비용과 신통히도 일치하여 마어문이 대경실색했다. 그때서야 벽의 두께가 20완척(약 9m로, 1완척은 45cm)이라는 것을 알아냈다고 한다.

내가 미스르에 들렀을 때 술탄은 나쉬르 아부 파트흐 무함마드 븐 만수르 사이풋 딘 칼라운 앗 쌀리히 왕으로 덕이 높아 존경을 받던 성왕이었다. 그는 성지를 위해 봉사하는 것뿐만 아니라 자진해서 해마다 선행을 하는 것으로도 유명했다. 왕은 의지할 곳이 없거나 처지가 어려운 성지순례자들 또는 이집트나 샴을 통해 성지로 가는 도중에 낙오되었거나 지친 사람들에게 양식과 음료수를 가득 실은 낙타를 보내곤 했고, 미스르의 교외에 있는 사르야키스(미스르 근교의 작은 읍)에 자위야를 세우는 선행을 베풀었다.

우리 일행이 미스르에 있는 동안 마흐말 일을 맞았다(마흐말은 메카의 금사 내에 있는 카아바 석전에 씌우는 유막을 실은 낙타 교자를 말함). 마흐말 일에는 성지순례단과 함께 마흐말을 메카로 떠나보낸다. 이날은 이슬람의 명절로 미스르의 법관들과 고위 관리들, 유명 법학자들과 각계 요인들도 낙타를 타고 일제히 궁전이 있는 성문까지 간다. 마흐말 앞에는 그해 성지순례차 히

자위야는 이슬람 신비주의자들이 은거하며 수행하는 장소이다. 그러나 그 기능이 다양하여 수행자들의 도장이면서 학자들의 연찬장이기도 하고, 자선장이기도 하다. 일명 작은 사원이라고도 한다. 이븐 바투타 시대에는 이슬람 지역 곳곳에 이런 수행장으로서의 자위야가 성행했다.

마드라사는 이슬람 국가의 교육기관으로 이슬람 사회에서 학자를 양성하는 학교다. 11세기에 개설되면서 20세기에 들어설 때까지 이슬람 법학을 중심으로 '꾸란'과 성훈학, 신학, 시학, 언어학을 위주로 가르치고, 외래 학문인 철학, 수학, 천문학, 의학 등의 과목도 교육했다. 큰 사원에 부설되는 경우가 많고, 학생들은 장학금을 받으며, 운영비는 종교기금으로 충당했다. 12세기 말 마드라사는 다마스쿠스, 바그다드 등 대부분의 이슬람 국가에서 번성했다.

카이로에 있는 어느 마드라사의 모습.

자즈로 파견되는 아미르(고위 관료나 군사령관)가 서 있고, 그 옆
으로는 수행 병사들과 낙타를 먹일 물을 운반하는 운반꾼들이
늘어서 있다.

마흐말 일에는 남녀노소 할 것 없이 수많은 사람들이 모여들
어 고위 관리나 명사들이 탄 교자를 따라 미스르 시내를 일주한
다. 이 행사는 알라께서 그의 노복들의 마음에 성지순례의 뜻을
심어 주고 의지를 가다듬게 하며, 연모와 충심을 불러일으키게
하기 위한 행사인데, 이슬람력으로 7월에 치러진다. 이 행사가
끝난 뒤 사람들은 곧 순례 준비에 들어간다.

미스르에서 마흐말 일을 지낸 다음, 나는 상이집트 길을 따

라서 히자즈로 향했다. 히자즈로 가는 길에 나일 강가에 자리한 만팔루트를 거쳐 후라는 도시에 도착했다.

후는 나일 강변에 있는 큰 도시로, 나는 이곳 어느 마드라사에 묵었다. 나는 이 도시에 살고 있는 대수행자인 성예(성자의 후예) 아부 무함마드 압둘라 알 후스니를 방문했다.

그는 내게 어디로 가는지 물었다. 나는 "짓다를 거쳐 금가(메카의 금사 내에 있는 카아바 석전을 말하는데, 일명 '알라의 집'이라고 함)에 순례하러 가는 길입니다"라고 대답했다. 그러자 그는 "지금은 그렇게 갈 수 없으니 돌아가시지요. 첫 순례인 만큼 샴으로 통해 가시지요"라고 권하는 것이 아닌가. 그러나 나는 그의 말과 달리 처음 계획대로 홍해를 건너 메카로 갈 생각을 했다. 그래서 욱수르와 아스나를 거쳐 아드푸로 향했다. 이어 밤낮없이 사막길을 지나 나일 강을 건너 아트와니에 도착했다.

아트와니부터는 낙타를 빌려 타고, 다김 족이라는 원주민 무리와 함께 사람이라곤 볼 수 없는 사막을 여행했다. 이곳은 하이에나가 득실거리는데, 그날 밤 우리도 밤새도록 하이에나와 싸워야 했다. 하이에나들은 어느 결엔가 내 행낭에 달려들어 그 속에 있는 식량 자루를 찢고 대추야자 한 주머니를 그대로 물고 달아났다. 아침에 깨어나서야 발견했는데, 행낭은 갈기갈기 찢기고 그 속에 있던 물건은 거의 먹어 치워 텅 비어 있었다.

우리는 다시 길을 떠나 사막에서부터 15일을 걸어서 아이자브에 도착했다. 이 도시의 주민들은 부자 족으로 피부는 갈색이며 성실하고 용감하다. 그들은 누런 천으로 몸을 가리고 머리에는 수건을 질끈 동여맨다. 우리가 아이자브에 도착했을 때 부자 족은 한창 투르크 인들과 싸우고 있었다. 그 결과 선박은 모두 부서지고, 투르크 인들은 부자 족의 공격에 줄행랑을 쳤다.

걷고 걸어서 홍해 연안에 있는 아이자브에 도착했지만 바닷길을 건널 선박들이 모두 부서졌기에 뱃길은 단념할 수밖에 없었다. 수행자의 말이 맞았던 것이다. 결국 나는 몸에 지니고 다니던 식량도 팔아 버리고 낙타를 빌려 주었던 원주민들과 함께 다시 상이집트로 돌아와 1326년(이슬람력 726년 8월 중순) 미스르에서 샴 지방으로 향했다.

샴으로 가려면 사막에 들어서야 했다. 쏼리히야는 그 출발 지점으로 도중에 사와다, 와리다, 퇘이브 같은 고장을 거쳤다. 방문하는 마을마다 숙박지가 있었는데, 숙박지에는 여행자들이 가축과 함께 유숙할 수 있는 '한'이라는 주막집이 있었다. '한'의 바깥에는 음료수용 무자위(재래식 용수시설로 낮은 곳에서 높은 곳으로 물을 끌어올릴 때 사용)가 있고, 점포도 있어 여행자는 가축이나 여행에서 필요한 물건들을 구입했다.

숙박지로 유명한 곳으로 이집트 경내의 사막 한가운데 카트야라는 곳이 있었다. 이곳의 숙박지에서는 장사꾼들이 자카트(자카트는 '순결'이라는 뜻으로 무슬림들이 버는 모든 재물은 자카트로 납부한 후에야 순결할 수 있다는 데서 유래함. 무슬림의 5대 의무 중 하나로 종교세와 비슷함)와 귀중품세를 납부하는데, 검색이 여간 까다롭지 않다.

이집트 당국의 허가증 없이는 그 누구도 샴에 들어갈 수 없고, 마찬가지로 샴 당국의 허가증 없이 그 누구도 이집트에 들어갈 수 없었다. 이것은 재산을 보호하고, 이라크 밀정의 침투를 막기 위해서였다. 또한 연도의 안전은 원주민들이 책임지도록 하고 있었다.

무슬림의 다섯 가지 종교적 의무

무슬림(이슬람교 신자)이 되면 종교인으로서 기본적으로 지켜야 하는 다섯 가지 의무가 있다. 신앙의 선언인 샤하다와 하루 다섯 번의 예배, 라마단 단식월의 준수, 빈곤층과 공공복지를 위해 자선을 베푸는 종교세인 자카트, 그리고 핫지로 불리는 성지순례이다.

샤하다는 '하나님 외에는 다른 신이 없다. 무함마드는 신이 보낸 사람이다'라는 신앙증언으로 이것을 믿고 선언하는 것이 무슬림의 첫 번째 의무다. 이 신앙증언을 첫 번째로 수행하는 이유는 이슬람교의 근본교리이기 때문이다. 어떤 경우에도 미루거나 거부하면 무슬림임을 그만두어야 한다. 그다음은 쌀라(예배)이다. 하루 5회의 예배는 하루 다섯 차례, 특정한 시간에 기도를 드리는 것으로 일출 시간에 따라 기도 시간이 날마다 조금씩 다를 수 있다. 만약 기도를 소홀히 했다면 금요 합동예배에 참석하도록 노력해야 한다. 기복적인 성격보다는 자기 정화의 측면을 강조한다. 세 번째는 라마단 단식월의 준수이다. 무슬림 달력으로 아홉 번째 달인 라마단에 해가 떠 있는 동안 단식하는 것을 말하는데, 무슬림들은 단식을 통해 영적, 신체적 훈련으로 자신을 통제하고 시련과 고난을 배운다. 자카트는 종교세를 의미하는데, 네 번째 의무이다. 무슬림들은 라마단이 끝날 때 연 수입의 2.5%를 종교세로 내도록 되어 있다. 개인의 재부는 알라로부터 사용권만 넘겨받았을 뿐 소유권은 알라에 속하기 때문에 이 종교세는 빈곤층과 공공복지를 위해 사용된다. 마지막으로 무슬림들이 지켜야 할 의무로 성지순례가 있다. 이슬람을 제외하고는 어느 종교도 성지순례를 종교적 의무로 못 박은 곳이 없다. 그만큼 성지순례는 힘겨운 실천사항이기 때문이다. 그렇다면 왜 성지순례를 중요시했을까. 그것은 이슬람의 일체성, 유대 강화를 위해서이다. 성지순례는 무슬림으로서 평생에 한 번은 수행해야 할 종교적 의무이기 때문에 일생에 한 번이라도 그 수행을 이행했을 때는 최대의 영예로써 존경을 받는다. 그래서 성지순례를 수행한 남성을 핫즈, 여성은 핫자라고 하며, 모든 칭호에 선행하는 최고의 경칭으로 부른다.

2

성지에 도착하다

샴과 히자즈 (1326)

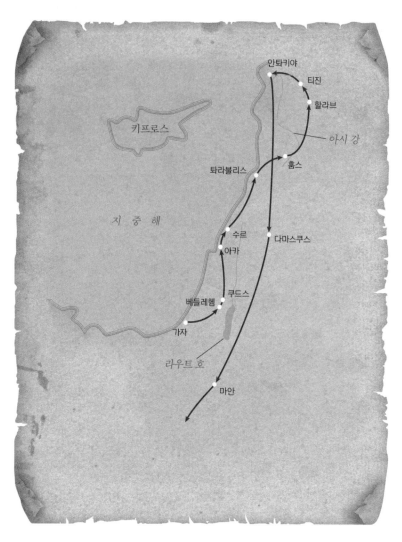

가자에서 다마스쿠스까지.

내 순례는 가자로 이어졌다. 이집트에서 넘어가면 그곳부터가 샴의 땅이다. 성벽이 둘러진 시가는 구획이 정연하고 건물들도 많으며 상가도 훌륭하다. 사원도 여러 개 있다. 가자를 지나 쿠드스로 가는 길에 예수의 탄생지인 베들레헴도 방문했다. 기독교인들은 이곳을 최대한 숭배한다.

드디어 우리는 세 번째로 거룩한 일이 있었던 쿠드스('성지'라는 뜻으로, 오늘날 예루살렘. 이슬람에서는 쿠드스에 선지자 무함마드가 승천한 원사가 있어서 제3의 성지로 여김)에 도착했다.

쿠드스에는 강이라곤 없다. 그래서 다마스쿠스의 집정관인 사이풋 딘 탄키즈가 간신히 물을 끌어왔다고 한다. 쿠드스의 사원은 지상에서 이보다 더 큰 사원이 없을 정도로 크다. 건축술이나 도금, 채색술도 그 정교함이 극에 달한다. 쿠드스 사원 한

예루살렘의 전경.

가운데 언덕에는 바위 돔이 하나 있는데, 그 모양이 기이한 구조로 견고하면서도 이채롭다. 선지자 무함마드가 621년 7월 27일 승천할 때 이 바위를 밟고 올라갔다고 하는데, 남북의 길이가 17.7m, 동서의 너비가 13.5m, 높이는 1.2m의 무정형으로 생겼다.

쿠드스 사원에서 축복받은 또 다른 명소는 시 동쪽에 있는 예수 승천소다. 이곳은 지역계곡이라는 계곡 끝자락의 높은 언덕에 있는데, 계곡에는 기독교도들이 숭배하는 교회당이 하나 있다. 그곳에 마르얌(마리아)의 묘와 예수의 묘가 있다고 해서 기독교인이 많이 찾아온다.

쿠드스에서부터 해안을 따라서 여러 도시를 거친 뒤 아카에

예루살렘의 알아크사 마스지드. 무함마드가 하늘로 승천한 바위가 있는 부지에 세워진 사원. 이슬람교 성지 중 하나로 해마다 많은 무슬림이 성지순례를 위해 방문한다.

이르렀다. 원래 아카는 샴을 점거한 유럽 인들의 전용 기지와 항구로 이스탄불을 방불케 할 정도로 컸다고 한다. 그러나 내가 방문할 당시는 폐허가 되어 있었다. 시 동쪽에는 황소천이라는 샘터가 있는데, 전하는 바에 따르면 알라께서 아담을 위해 이 샘물에서 황소 한 마리를 끌어냈다고 한다. 샘물까지는 계단으로 내려갈 수 있다. 본래 여기에는 사원이 하나 있었으나 내가 갔을 때에는 벽감만 덩그러니 남아 있었다.

우리 일행은 아카를 출발해 수르, 톼라불리스, 홈스를 거쳐 할라브에 도착했다. 할라브는 '이브라힘의 할라브'에서 유래된 이름이다. 이곳에는 이브라힘이라는 사람이 양을 기르며 살고 있었는데, 가난한 사람이건 오가는 나그네건 할 것 없이 목마른 이들에게 양젖을 대접했다. 그래서 사람들이 모이면 저마다 이브라힘의 할라브(아랍 어로 젖)를 요청했다고 한다. 그 뒤로 이곳은 할라브라는 이름으로 불리게 되었다.

할라브는 좋은 환경에 짜임새도 있고 시장도 널찍하게 잘 조화된 최상의 도시 중 하나였다. 시장의 천장은 나무판자로 덮여 있고, 매대는 크지도 좋지도 않지만 사원을 쭉 에워싸고 있다. 그러나 상인들은 늘 밤늦게까지 일한다. 시외는 드넓은 들판인데, 큰 장원들이 있고 잘 가꾼 포도나무들이 무성하다. 과수원은 강가를 따라 늘어서 있는데, 이 강의 이름은 아시 강, 즉 거역하는 강이라고 한다. 이유인즉 마치 물줄기가 아래에서 위로 거슬러 흐르는 것같이 보여서 그렇게 불리게 되었다고 한다.

할라브에서 티진을 지나 안톼키야에 도착했다. 안톼키야는 거대한 고도로 샴 지방에서는 유례없이 튼튼한 성벽이 있었으나 좌히르 왕(할라브 왕국의 술탄)의 공격으로 모두 파괴되었다. 안톼키야는 수목이 울창하고 시 외곽에는 아시 강이 흐르고 있어 물도 넉넉했다. 이곳에는 바비붓 나자르의 묘가 있고, 묘소에는 과객들에게 음식물을 제공하는 자위야가 있었다. 자위야의 샤이흐는 고령의 수행자인 무함마드 븐 알리인데, 나이는 100살을 넘겼지만 여전히 힘이 넘쳤다. 한번은 그의 과수원에 들렀을 때, 그가 땔감을 모아서 어깨에 메고 시내에 있는 집까지 거뜬히 오는 것을 보았다. 그의 아들도 나이가 이미 80살이 넘었는데, 곱사등이어서 바로 일어서지 못했다. 누가 이 사실을 모르고 보면 아버지를 아들로, 아들을 아버지로 착각하기 십상이었다.

샴에서 가장 높아 바닷가에서도 쉽게 눈에 띄는 아크라아 산을 지나 루브난 산에 닿았다. 루브난은 산 치고는 세상에서 가장 풍요롭게 느껴지는 산이다. 다양한 과일이 넘치고 곳곳마다 샘물이 가득하고 녹음이 우거졌으며, 오로지 알라를 위해서 헌신하고 금욕하며 수행하는 사람들의 발길이 끊이지 않는 곳으로 알려져 있다. 수행자들이 끊이지 않는 만큼 그들에 대한 기이한 이야기도 들을 수 있었다.

아주 추운 어느 날, 우리는 몇몇 수행자들과 함께 추위를 피해 불을 피워 놓고 빙 둘러 앉아 있었습니다. 그러자 어느 한 수행자가 이 불에다 무언가 구워 먹었으면 좋겠다고 말했습니다. 이때 별로 믿음이나 호감도 없어 보였던 한 수행자가 불쑥 말을 꺼내기를, '내가 신시예배를 할 때 자위야 가까이의 눈 속에 푹 빠져 있는 야생 당나귀 한 마리를 발견했는데, 통 움직이지 못하는 것 같았어요. 당신들이 그곳에 가기만 하면 영락없이 붙잡아 와서 이 좋은 불에 고기를 구워 먹을 수 있을 것이오'라고 했습니다. 그래서 우리 다섯이 그곳에 갔더니 과연 그가 말한 대로 당나귀가 있어서 냉큼 잡아서 불에 고기를 구워 먹었습니다. 그런데 그 후에 우리에게 그 사실을 알려준 수행자를 찾았지만 그는 온데간데없이 종적을 감추고 말았습니다. 우리는 그가 참 이상한 사람이라고 생각했습니다.

다마스쿠스 우마야 대사원.

루브난 산을 벗어나 1326년(이슬람력 726년 9월) 나는 마침내 샴
의 다마스쿠스에 도착하여 한 마드라사에 기숙했다. 다마스쿠
스는 그 어느 곳보다도 훌륭하고 아름다워 그 훌륭함이라는 말
로 다 표현할 수가 없다. 나뿐만 아니라 여러 여행가들의 여행
기에도 다마스쿠스는 천상의 낙원에 비견할 만한 곳이라고 씌
어 있다.

다마스쿠스에는 바니 우마야라는 대사원이 있다. 이 사원은
세상에서 가장 화려하고 섬세하고 우아해 세상에 견줄 만한 사
원이 없다. 사원 자리는 원래 교회당이었는데, 무슬림들이 다마
스쿠스를 정복할 때 할리드 븐 왈리드가 군사를 이끌고 쳐들어

다마스쿠스 우마야 대사원의 내부.

가 교회당의 절반을 점거하고서는 사원으로 개조했다.

다마스쿠스 사람들은 사원을 날아가는 독수리에 비유했는데, 기둥들이 받치고 있는 돔이 마치 독수리 머리처럼 보이기 때문이다. 이 도시에 오는 사람이라면 어느 방향에서든지 모든 건물보다 높게 하늘로 치솟은 듯한 독수리 돔을 볼 수 있다. 황혼 녘이 되면 시민들은 바니 우마야 대사원의 뜰에 모여 저녁예배를 드린다.

다마스쿠스에는 여러 가지 종교 기금들이 있는데, 그 종류와 지출이 얼마나 많은지 다 헤아릴 수가 없다. 그중에는 성지순례에 필요한 비용, 신부의 출가비를 보조하는 비용, 여행자들이 고향에 돌아갈 때 필요한 의식비와 여비 보조기금 등 여러 가지 자선기금이 있어 사람들에게 도움을 준다.

한번은 내가 다마스쿠스에 머물고 있을 때 그런 예를 직접 목격했다. 어느 날 한 골목에서 남자아이를 만났는데, 그 아이는 귀한 자기접시를 들고 가다 그만 떨어뜨려 깨뜨리고 말았다. 사람들이 그 모습을 보고 안타까워하자 그중 한 사람이 이 아이에게 "깨진 조각을 주워 보조기금 관리인에게 가지고 가라"고 타일렀다. 그러곤 그 아이와 함께 관리인에게 가서 접시 조각들을 보여 주었더니 관리인은 별 군말 없이 그만한 접시를 살 돈을 선뜻 내주는 것이었다. 남자아이가 접시를 깨뜨렸으니 주인은 그 아이를 때리거나 호되게 꾸짖을 것이 뻔하다. 그러면 아이는 또 아이대로 상심하거나 변심할 것이다. 이렇게 보면 이러한 보조기금은 아픈 마음을 달래 주는 좋은 방식이다.

나는 1326년(이슬람력 726년 10월) 히자즈로 가는 성지순례단 일행과 함께 다마스쿠스를 출발했다. 샴의 최남단인 마안을 거쳐 물 한 방울 없는 발다흐 계곡을 지나 무함마드가 정벌한 적이 있는 타부크에 닿았다. 타부크는 샴과 쿠라 계곡 사이의 국경 도시로, 원래 샘이 있었지만 물이 많지 않은 곳이었다. 그런데 무함마드가 여기에 머물 때, 부분 세정(예배드리기 위해 몸의 일부를 깨끗이 하는 의식으로, 양손, 입, 코, 얼굴, 팔, 머리, 귀, 목, 양발 순으로 이어짐)을 하자 그다음부터 갑자기 샘물이 용솟음쳐 오늘날까지 풍부하게 물을 제공하고 있다.

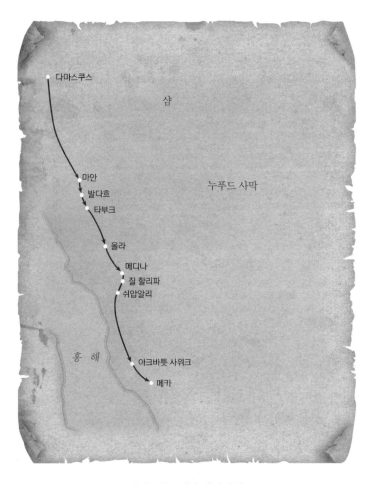

다마스쿠스에서 메카까지.

아무리 규모가 큰 순례단일지라도 일단 이 샘에 오면 모두 물을 실컷 마실 수 있다. 특히 타부크와 다음 목적지인 올라까지 가려면 무시무시한 황야를 지나야 하는데, 그러기 위해서 필요한 물을 장만하려는 사람들과 가축들로 이곳은 늘 붐빈다. 수부들은 늘 이 샘물 곁에서 투숙하면서 물소 가죽으로 만든 큰 수조에 물을 받아 낙타를 먹이고, 사람이 마실 물은 가죽 통이나 가죽 주머니에 가득 채운다. 순례단 단장이나 요인들은 자신이나 친구의 낙타에게 물을 먹일 수 있는 자신들만의 전용 물통과, 또 자신의 가죽 통에도 마실 물을 잔뜩 담는다. 그 밖의 사람들은 수부들에게 돈을 얼마 주고 물을 얻어서는 낙타에게 먹이거나 가죽 주머니에 담는다.

물을 가득 채우고 나서 일행은 타부크를 출발했다. 일행은 미리부터 황야에 지레 겁을 먹고 밤낮으로 걸음을 다그쳤다. 도중에 불같은 지옥계곡이 있었는데, 다행히 우리는 알라의 보살핌으로 무사히 지나갔다. 어느 해인가 한번은 순례자들이 이곳에서 돌풍을 만나 고생고생하다가 물이 떨어지는 바람에 물 한 모금에 금화 천 냥까지 지불하고 얻어 마셨다고 한다. 하지만 결국 물을 파는 사람이나 사는 사람이나 할 것 없이 모두가 공멸하고 말았다. 이 사실은 계곡의 돌 위에 새겨져 있다.

황야를 지나 대추야자수 숲과 샘물이 있던 올라에서 다시 길을 재촉해 성스럽고 자비로우며 영광스러운 도시, 이슬람의 성지인 메디나°에 도착했다. 도착하자마자 나는 곧장 선지자 무함

오스만 제국 시절의 메디나(출처: 위키피디아).

마드의 사원으로 향했다.

무함마드의 사원은 정육면체이다. 사면은 돌을 판자처럼 깐 도로로 에워싸여 있고, 중앙엔 자갈과 모래를 깐 뜰이 있다. 사원의 밖은 쪽 돌로 포장한 거리가 빙 둘러 있다. 무함마드의 능은 사원 동남쪽에 있는데, 대리석으로 만들어져 있다. 능 한쪽엔 성안, 즉 무함마드의 신성한 얼굴 자리를 알리는 은제 못 하나가 박혀 있다. 참배객들은 바로 여기에 서서 성안과 대면한 다음 남쪽으로 돌면서 인사를 올린다. 나도 사원에 참배하면서 이것이 마지막 참배가 되지 않게 하고 순례를 계속할 수 있게 해 달라고 기원했다.

메디나에서 나흘간 묵는 동안 우리 일행은 매일 밤을 사원에서 보냈다. 사람들은 뜰에 쭉 둘러앉아서 가운데에 큰 촛불을 켜 놓고 있다. 어떤 사람들은 꾸란을 독경하기도 하고, 알라를 염송하기도 한다. 그런가 하면 어떤 사람은 무함마드의 능을 찾기도 한다. 심지어 각지에서 온 낙타몰이꾼마저도 무함마드를 찬미하는 노래를 흥얼거린다. 이렇게 사람들은 좋은 일이 일어날 것 같은 밤을 진지하게 보내면서 순례자나 어려운 사람들에게 즐거운 마음으로 자신의 재물 등을 넉넉히 내어준다.

메디나에는 수많은 순례자들이 오간다. 특히 장기 순례나 수행의 목적으로 메디나나 메카 같은 성지를 찾아와 임시로 거주하는 사람을 우접자라고 부른다. 나의 뇌리에 남는 우접자 중에는 샤이흐 아부 압바스 아흐마드 븐 무함마드 마르주크가 있다. 그를 처음 본 것은 1327년(이슬람력 728년), 두 번째로 메디나에 들렀을 때다. 그리고 이라크에서 돌아오면서 다시 메카를 찾았을 때 그를 또 볼 수 있었다. 마침 그는 석전 주위를 돌고 있었다.

메디나는 무함마드가 이슬람 공동체인 '움마'를 건설하고 사망한 곳으로, 현재 사우디아라비아 서부 히자즈 지방에 있는 이슬람교 제2의 성지이다. 622년 9월 20일, 메카에서 선지자 무함마드가 도피해 옴으로써 메디나 역사의 새로운 장이 시작되었다. 오늘날 성지 메디나에는 이슬람교도들만 들어갈 수 있다.

메디나 성사 외부의 모습.

메카 순례자들이 행하는 의식 중에는 메카의 금사 내에 있는 석전을 일곱 바퀴 도는 것을 영회라고 하는데, 그는 그보다 더 많이 돌고 있었다. 영회장의 바닥은 검은 돌이 깔려 있어 햇볕이 뜨거운 날씨에는 금속판처럼 화끈거렸다. 수부들이 돌에 물을 뿌리기는 하지만 뿌리자마자 뿌린 곳의 물이 끓을 정도였다. 그러나 그는 아랑곳하지 않고 열심히 돌고 있었는데, 사람들은 대부분 양말을 신었지만 샤이흐 아부 압바스만은 맨발이었다.

어느 날 그가 또 석전 주위를 돌고 있기에 나도 그와 함께 하려고 영회장으로 들어섰다. 흑석(메카의 금사 내, 석전의 동쪽 모퉁이에 있는 검은 돌덩이. 표면이 검고 약간 붉은 기가 도는 매끌매끌한 타원형 돌로, 길이는 약 30센티미터임. 전설에 의하면 낙원에서 떨어진 돌이라고 하지만, 실제로는 운석이라는 것이 입증됨)에 다가가려고 하니 바닥에 깔아 놓은 돌에서 불꽃이 튀는 것 같았다. 흑석에 입맞춤이라도 하고 놀아오려 했지만 너무 뜨거워 결국 영회도 못 하고 양털로 짠 천을 바닥에 깔고 디디면서 복도까지 걸어 나와야 했다.

우리 일행은 메디나에서 메카로 출발했다. 일행은 우선 무함마드가 수계(계율에 따를 것을 맹세하는 의식)한 곳인 질 할리파 사원 부근에 묵었다. 수계는 무슬림들이 성지순례에서 수행해야 할 첫 의식이다. 메카에 들어가기 전에 외곽에 있는 수계처에서 수계의식을 치르는데, 세정을 하고 수계의를 걸치고 수계배를 2배 올린 다음 경문을 읽는다. 수계 후에는 성생활, 다툼, 수렵, 바느질한 옷, 모자, 신발, 양말, 이발, 면도, 손발톱 깎기 등이 금지된다. 질 할리파 사원은 메디나에서 8킬로미터 떨어져 있으며, 메디나 전에 만나는 마지막 수계소다. 그곳에서 나는 바느질한 옷을 벗고 온몸을 깨끗이 씻은 다음, 성지순례를 위해 수계할 때 걸치는 바느질 없는 흰옷으로 갈아입었다. 그러고는 2궤배를 하고 혼자서 수계 순례를 하기로 했다. 궤배는 예배 때 서서 독경한 뒤 한 번 몸을 굽히고 두 번 머리를 땅에 조아리고 한 번 무릎을 꿇고 앉는 것을 말한다.

나는 벌판을 지날 때나 산을 오르내릴 때나 쉼 없이 알라의 부름에 응한 경문을 되뇌면서 쉬압알리(알리 오솔길)까지 이르러 그곳에서 하룻밤을 지냈다. 그리고 여러 마을을 거쳐 모래 천지인 아크바툿 사위크를 지났다. 순례자들은 여기서 꼭 밀가루죽을 먹는다. 이를 위해 밀가루를 이집트나 샴에서 가지고 온다. 죽에는 설탕을 타서 먹는데, 아미르들은 죽을 통 같은 데 넣어 두었다가 사람들에게 권하곤 한다. 이곳에서는 무함마드가 이곳을 지날 때 식량이 떨어지자 수행자 모두에게 모래를 쥐어 주었더니 곧바로 밀가루죽이 되어 그것을 마셨다고 하는 전설이 전해져 내려온다.

사위크라고 불리는 이 밀가루는 불그스레한 것이 특징이다. 여행자들의 필수품으로 사용되는데, 보릿가루도 있지만 주로 밀가루를 갖고 다니며 때로는 구급식품으로 때로는 환자를 위한 미음용으로 사용한다.

우리 일행은 대추야자수 밭을 지나 밤길을 걸어 아침에 마침내 메카°에 도착했다. 고향을 떠난 지 1년 6개월이 지난 1326년(이슬람력 726년 12월)의 일이다. 나는 초행자의 순례 방법대로 성스러운 석전 주위를 영회하고 흑석에 입맞춤한 뒤 '이브라힘의 거처'에서 2궤배를 올렸다. 우리는 일찍이 선지자께서 마셨다고 하는 잠잠천(메카의 금사 내에 있는 성스러운 샘) 물을 마셔 봤다. 다음으로 싸파 산과 마르와 산 사이를 달렸다. 두 산 사이의 거리는 420미터로 선지자 이브라힘의 아내 하갈이 물의 샘터를 찾기 위해 두 산 사이를 7차례나 왕복한 것에서 유래하여 순례자들이 두 산 사이를 달리는 의식을 갖게 되었다.

메카는 건물들이 즐비한 대도시다. 산들로 에워싸인 계곡 한

가운데 자리한 장방형 도시로, 주위의 산들이 그리 높지 않아 방문자는 현지에 와서야 비로소 그 면모를 확인할 수 있다. 메카에는 성문이 세 개 있다. 맨 윗문이 마알라 문이고, 맨 아랫문이 샤비카 문이다. 샤비카 문은 서쪽에 있는데, 여기서부터 성지 메디나와 이집트, 샴, 짓다 등으로 가는 길이 시작된다. 세 번째 문은 마스팔 문인데 남쪽에 있으며, 정복의 날, 즉 무함마드가 이슬람군을 이끌고 평화적으로 메카에 입성한 그날, 할리드 븐

메카는 이슬람교의 제1성지이자 발원지로 이슬람교의 창시자 무함마드가 태어난 곳이다. 무슬림이라면 날마다 5번씩 메카 쪽을 향해 기도하고 일생에 한 번 이곳을 순례하는 것이 종교의무로 되어 있다.

메카(아랍 어로 막카(Makkah))란 '흡입'이라는 뜻인데, 목마른 사막 사람들이 잠잠(zamzam)이라는 샘물을 들이마시는 것에서 유래했다. 아라비아 반도 서쪽 홍해를 따라 남북으로 뻗은 산맥의 협곡에 자리한 메카는 항상 건조하고 기온이 높다. 고대부터 통상로로 발달하여 아프리카와 아시아를 왕래하는 대상들에 의해 무역중계지로 번창했다. 570년경 아랍 부족 중 쿠라이쉬 족의 지파인 하쉼가에서 무함마드가 태어나 신의 계시를 받아 이슬람교를 세웠다.

메카에는 여러 우상들이 모셔져 있는 카아바 신전이 있었는데, 630년 예언자 무함마드가 무슬림군을 이끌고 메카를 정복한 뒤 유일신 알라의 신전으로 바뀌었다. 그때부터 메카는 이슬람 세계의 첫 번째 성지가 되었다. 비록 불모의 계곡에 있었으나 일찍이 좋은 일이 일어날 조짐이 있었기에 이븐 바투타는 온갖 진기한 물건과 과일이란 과일은 이곳으로 다 모여든다고 했다.

왈리드가 이 문으로 입성했다.

금사(무함마드 시대에 카아바 신전을 보호하기 위해 비무슬림의 진입, 구
내에서의 수렵, 살생, 싸움 등 일체의 사악한 행위를 금지시킨 데서 '금사'라는
이름이 유래함)는 도시 중심에 있는데, 동서의 길이가 4백여 완척
(134미터)가량 되며 너비도 그와 비슷할 만큼 널찍하다. 벽의 높
이는 11미터쯤으로 천장은 세 줄의 높은 기둥 위에 얹혀 있으
며, 석회주를 제외하고 대리석 기둥이 491개가 있다. 금사의 경
관은 말로는 그 뛰어남이나 완전함을 이야기할 수 없다.

거룩한 석전은 금사의 한가운데 있는 높이 3미터 너비 2미터
의 장방형 건물이다. 석전 내부와 벽은 모두 무늬 있는 대리석
으로 되어 있다. 석전 중앙에는 높은 기둥이 3개 있는데, 기둥
간의 거리는 4보쯤 된다. 석전의 기적은 문이 열릴 때 그 진가
를 발휘한다. 숱한 사람들 모두가 석전에 들어가도 결코 비좁음
을 느끼지 않는다는 것이다. 다른 기적은 밤이나 낮이나 영회자
가 끊이지 않기에 누구도 영회자가 없는 석전을 본 적이 없다.
그리고 메카에서 비둘기나 날짐승들이 절대로 석전에 내려앉
거나 날아 지나는 일이 없다는 것도 또 다른 기적이라 하겠다.
비둘기만 해도 금사의 상공을 날다가도 석전 가까이만 오면 곧
잘 방향을 다른 쪽으로 꺾지 절대 석전 위로는 날지 않는다. 전
하는 바에 따르면 환자가 발생했을 때만 이 석전에 내려앉는데,
일단 그렇게 되면 환자가 즉시 운명하든지 아니면 병이 낫는다
고 한다.

메카의 금사.

메카 사람들의 품성은 단정하고 마음씨가 좋으며 예의 바르다. 약한 자와 없는 자를 성심껏 돌보고, 낯선 사람들과도 좋은 이웃으로 지낸다. 그들의 너그러운 마음씨는 잔치를 베풀 때 나타나는데, 잔치를 열면 먼저 메카를 찾은 수행자들을 초대해 정성스럽게 대접한다. 만일 가난한 사람들이 빵 굽는 데 모여 있다가 한 사람만이 빵을 갖고 가더라도 빵 주인은 다른 이에게도 조금씩 나눠 줌으로써 다른 이들이 실망치 않게 한다. 빵이 하나뿐이어도 그 3분의 1이나 절반을 서슴없이 나눠 준다.

또 다른 선행으로는 어린 고아들에 관한 것이다. 어린 고아들이 저마다 크고 작은 바구니를 갖고 시장에 나와 앉아 있으면 메카 사람들은 시장에 와서 육류나 채소, 과일 등을 사서 고아들에게 맡긴다. 고아들은 그것을 바구니에 담아 주인집까지 배달해 준다. 그사이 주인은 영회를 한다든지 제 볼일을 보는 것이다. 배달을 마친 아이들은 그 대가로 몇 푼을 받는데, 어린아이들 중 그 누구도 사기를 쳤다는 이야기를 들어 본 적이 없다. 모두가 제 할 일을 완벽하게 하는 것이다.

메카 사람들의 의상은 우아하고 깨끗하며, 대부분의 옷 색깔은 흰색이다. 그들의 의상은 늘 밝고 청초하다. 그들은 향료를 애용하고 눈 화장도 하며, 늘 푸른 아라크 나뭇가지로 이를 닦는다. 메카 여인들이야말로 이를 데 없이 조촐하고 곱고 아름다우며 청렴정결하다. 그녀들은 향수를 몹시 즐기는데, 심지어 하룻밤을 굶고 지내는 한이 있더라도 향수만은 꼭 사서 쓴다. 그녀들이 매주 금요일 밤 석전에 영회하러 올 때면 가장 멋지게 차려입고 오기 때문에 금사는 온통 그녀들이 뿌린 향기로 가득 찬다. 어떠한 여인이라도 한번 왔다 가면 그 향기는 그녀가 돌아간 뒤에도 오래도록 풍긴다.

메카 사람들은 하루에 한 끼씩 신시(15~17시) 이후에 정찬을 하는데, 그때까지 모두가 여유작작하다. 신시 전 대낮에 무언가 먹고 싶으면 말린 대추야자를 먹는다. 그럼에도 그들의 신체는 건강하고, 질병이나 불구자가 적다.

메카에는 여러 경축일이 있다. 특히 7월의 옴라(소순례)를 더 없이 흥겹게 경축하는데, 행사는 밤낮으로 이어진다. 한 달 내내, 특히 1일과 15일, 27일은 오로지 믿음으로만 가득 차 있다. 그들은 며칠 전부터 행사 준비를 한다. 나는 마침 27일 밤 행사를 목격할 수 있었다. 메카의 거리는 온통 낙타 위에 고급 비단이나 마포천을 씌운 가마로 가득 찼다. 가마들은 최선을 다해 꾸며졌는데, 낙타는 비단 목걸이를 둘렀고, 가마의 씌우개는 땅바닥에 스칠 정도로 길게 드리워져 마치 세워 놓은 돔 같았다. 메카의 계곡이 가마들로 물결칠 정도다. 길 양옆에는 불을 지펴 놓고, 가마 앞에는 촛불과 횃불을 켜 놓고 나아간다.

메카 사람들은 통상적인 성지순례° 월의 첫 달인 10월 초승달이 뜨는 밤에 금식월의 27일 밤처럼 횃불을 지피고 등불과 촛불을 켠다. 모든 첨탑은 사방에 등불을 켜 놓으며 금사의 평대와 아비 카비스 산 정상에 있는 사원의 평대에도 등불을 밝힌다. 사람들은 영회와 예배 염송과 기도로 이 밤을 보내며, 새벽 예배를 드린 뒤 명절을 쇨 채비를 한다. 이때 가장 좋은 옷을 꺼내 입고 서둘러 성스러운 금사에 가서 자리를 잡는다. 성사 말고는 더 좋은 곳이 없기 때문에 이왕이면 그곳에 가서 명절예배

이슬람의 순례에는 크게 3가지가 있다. 대순례로 불리는 핫지는 이슬람력 12월 8일부터 10일 사이에 정해진 절차에 따라 수행하는 것이다. 이 기간 외에 절차대로 행하는 순례는 소순례, 즉 옴라라고 부른다. 그리고 기간을 정하지 않고 절차도 몇 가지만 밟는 순례를 지야라라고 한다.

메카의 금사.

를 한다.

　12월 초하루에는 아침저녁으로 예배 시간이면 행사를 알리기 위하여 북과 다바디브가 울린다. 이러한 일은 아라파트 산에 오를 때까지 계속된다. 12월 7일이 되면 설교사는 낮예배 후에 능숙한 말솜씨로 설교를 하면서 사람들에게 성지순례의 의식과 정립 날짜를 알린다. 8일에는 아침 일찍이 미나(메카에서 7km 떨어진 계곡에 있는 순례 성지. 이곳에서 벽사를 위한 돌 던지기와 희생물 도살 등 순례 기간의 종교의식이 치러짐. 현재는 메카와 연결되어 있으며, 아라파트 산으로 가는 주요 통로임)에 간다. 이집트와 샴, 이라크에서 온 아미르들과 학자들은 이날 밤을 미나에서 보낸다. 이집트와 샴, 이라크 사람들 사이에는 서로가 촛불을 멋지게 켜 놓았다고 뽐내며 자랑하지만 샴 사람들이 늘 한 수 위다. 9일에는 아침예배를 마치고 미나에서 아라파트로 가는데 도중에 무핫시르 계곡을 지난다. 이때는 모두들 달리다시피 한다. 이것은 일종의 전통 관행이다.

3

유프라테스 강을 따라서

이라크와 페르시아(1326~1327)

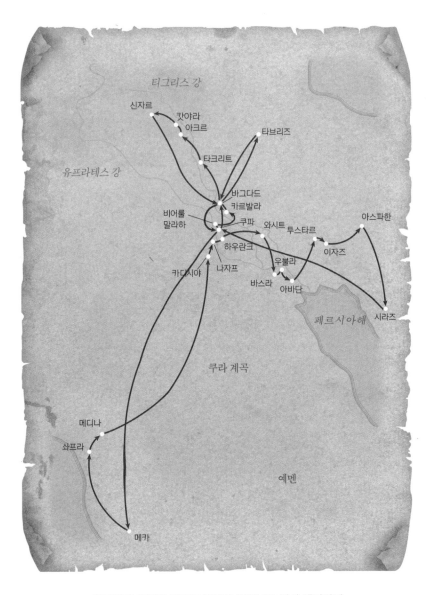

티그리스 강

신자르

캇야라
아크르

타브리즈

타크리트

유프라테스 강

바그다드
카르발라

비어롤
말라하

쿠파   와시트 투스타르

아스파한

하우란크

이자즈

카디시야   나자프

우불라

바스라 아바단

페르시아해

시라즈

쿠라 계곡

메디나

쇼프라

예멘

메카

메카에서 이란과 이라크 지역을 둘러보고 다시 메카까지.

나는 이라크와 이란 등을 돌아보기로 하고, 1326년(이슬람력 726년 12월 20일)에 이라크 순례단 단장인 바흘라완 무함마드 후와이흐를 따라 메카를 떠났다.

순례단에는 이라크 인, 후라사 인, 페르시아 인, 외방인 등 실로 그 숫자를 헤아릴 수 없을 만큼 많은 사람이 포함되어 있었다. 땅은 사람들로 물결치고 행렬은 뭉게구름처럼 유유히 움직였다. 위낙 사람이 많기 때문에 무슨 용무가 있어 대열에서 떨어질 때에는 자리 표시라도 해 두지 않으면 허둥지둥 헷갈리기 일쑤다. 이 순례단에는 과객에게 물을 공급하기 위한 자루뿐만 아니라 구호 식량과 환자들을 위한 약품과 음료, 설탕을 운반하는 낙타도 많았다. 순례단이 한 곳에 도착하기만 하면 '두수트' 라는 큰 구리솥에 음식을 만들어 과객이나 식량이 없는 사람들을 대접한다. 또 순례단에는 걷지 못하는 사람들을 태워 주는 비상용 낙타도 여러 마리 있었다. 심지어 순례단에는 풍성한 시장과 갖가지 훌륭한 생활도구, 그리고 각종 식품과 과실이 준비되어 있다. 이들은 밤이면 움직이는데, 낙타대 앞에는 횃불을 밝힌 한 무리가 걸어간다. 그래서 한밤이지만 불빛이 현란하게 번쩍여서 마치 환한 대낮 같다.

내가 포함된 순례단은 메카를 출발해 쇄프라를 거쳐 메디나에서 엿새를 머문 뒤 음료수를 장만하고 다시 길을 떠났다. 우리들은 쿠라 계곡을 지나 쿠파까지 12일간의 노정을 계속 이어 갔다. 가는 도중 여러 곳에 용수지가 있어 편하게 길을 갈 수가 있었다. 쿠파에 이르기 전 마지막으로 도착한 곳은 이라크의 쿠파까지 15파르사흐 거리(93.6킬로미터)에 있는 카디시야이다. 이곳은 일찍이 이슬람교가 조로아스터교 교인들에게 굴욕을 안겨 준 전투가 있었기 때문에 도시는 파괴되어 읍 수준의 마을로 변해 버렸다.

순례단이 그다음 찾아간 곳은 이슬람교 시아파의 성지 중 하나인 이라크 남부의 나자프이다. 이곳은 순교지로, 무척 아름답고 인구도 많고 건물도 정교한 도시이다. 튼튼한 지반 위에 있는 시내에는 깨끗하고 풍성한 시장이 여러 개 있다. 순례단은 하드라 문으로 들어갔다. 들어서자마자 맞닥뜨린 것은 야채 시장과 요리사들, 빵 굽는 사람들, 과실 시장, 그리고 재봉사들과 상점들, 향료 시장 등이다. 문 맞은편엔 마드라사와 자위야가 여러 개 있는데, 건물은 말할 수 없이 우아했다. 담은 마그리브 지역과 비슷한 유약을 바른 자기 타일로 쌓아 올렸지만 색깔은 더 선명하고 조각성도 뛰어났다.

하드라 문으로 들어가면 큰 마드라사에 이른다. 시아파의 학생들과 수피(이슬람 세계에서 신비주의자. 이슬람의 율법주의, 형식주의를 비판하면서 종교적으로 경건한 생활을 하려는 사람) 인들이 그곳에 묵고 있다. 이 마드라사에 오는 사람은 3일간 날마다 두 끼씩 빵과 고기, 대추야자를 대접받는다. 마드라사의 돔 안으로 들어가면 문 앞에 수위와 감독 그리고 태감이 앉아 있다. 손님이 오면 은으로 된 문지방과 문에 입맞춤한 뒤 돔으로 들어간다. 돔 안의 평대 위엔 묘가 3기 있는데, 아담의 묘와 노아의 묘, 그리고 알리의 묘라고 한다.

내가 알리의 묘소를 참배하고 나오니까 순례단은 이미 바그다드로 떠났다. 하는 수 없이 나는 하파자 족 아랍 인 여러 명과 함께 바스라로 향했다. 하파자 족은 이곳 주민들로, 용감하고 위세도 어마어마해서 그들의 동행 없이는 이쪽 지역을 여행할 수 없었다. 나는 그들 일행의 두령인 샤미르 브 다라즈 알하파지에게 부탁해 낙타 한 마리를 빌려 타고, 알리의 묘소를 출발하여 하우란크에 이르렀다. 하우란크는 쿠파의 한 지역으로 룸 사람인 누아만이 세운 궁전이다. 이곳은 아뭇 사마 족 출신 왕의 후예인 누아만 브 문지르(이슬람 출현 이전에 활동한 지략이 뛰어난 군주. 라흐미야조 문지르 3세의 세자로서 왕위를 물려받은 뒤 티그리스 강 오른쪽 기슭에 누아마니아를 건설함. 그를 찬양한 시들이 지금도 남아 있음)가 예전에 건설한 곳이었다. 유프라테스 강의 한 지류 기슭에 펼쳐진 넓은 평야인 이곳에는 건물들과 웅대한 돔의 잔해가 널려 있다.

유프라테스 강 기슭을 따라 아자르를 거쳐 와시트에 다다랐다. 하자즈가 티그리스 강가에 건설한 이 도시는 구획이 잘 정리되어 있고 화원과 수목이 즐비하다. 이곳에는 선행을 선도하고, 그래서 명망 높은 명사들이 여럿 있다. 주민들은 훌륭한 이라크 인들, 아니 단연코 가장 훌륭한 이라크 인들이다. 사람들은 대부분 성 꾸란을 암송하고 있으며, 그 정확한 독성법은 실로 일품이다. 그래서 그것을 배우려고 이라크 각지에서 사람들이 모여든다. 순례단과 함께 온 대상 중에는 이곳의 샤이흐들로부터 꾸란 독송법을 전수하려고 온 사람들도 있었다.

와시트에는 독방이 300개인 커다란 마드라사가 하나 있다. 여기에는 꾸란의 독송법을 배우려고 온 외지 사람들이 머문다. 이 마드라사는 샤이흐 타캇 딘 압둘 무하신 알 와시튀가 세웠는데, 그는 이 도시의 명사이자 법학자로서 모든 학생에게 1년에 옷 한 벌과 일당 생활비를 지급한다. 그뿐만 아니라 그와 그의 형제들 및 친구들은 꾸란을 가르치기 위해 모두가 마드라사에서 합숙하고 있다. 내가 그곳에 갔을 때 그는 나를 초대하여 마른 대추야자와 금전을 선사해 주기도 했다.

순례단이 와시트에 도착한 후 대상은 교역을 위해 교외에서

3일간 머물렀다. 나는 이 기회를 타서 와시트에서 하루 거리에 있는 마드 라파이의 묘를 참배했다. 이때 내가 샤이흐 타캇 딘에게 안내해 줄 사람을 보내 달라고 부탁했더니 아사드 족 출신의 아랍 인 3명을 보내와서 그들과 함께 길을 떠났다.

나는 점심 무렵에 출발해 하루 걸려 루와크(자위야)에 다다랐다. 사실상 루와크는 수행자 수천 명을 수용하는 여관이나 다름없다. 여기서 우연히 참배하러 가는 선현 아부 압바스의 손자인 샤이흐 아흐마드 쿠자크를 만났다. 그는 고향인 룸 지방에서 일부러 조부의 성묘를 위해 이곳에 왔다고 했다. 나중에 그는 이 루와크의 샤이흐에 취임했다. 신시예배가 끝나자 큰북과 방울북(테두리에 방울이 달린 작은 손북)의 소리가 일시에 울리더니, 수행자들이 춤을 추기 시작했다. 저녁예배를 마치자 저녁상이 들어왔는데, 음식은 쌀빵, 물고기, 우유, 말린 대추야자다. 사람들은 어느새 후딱 먹어 치운다. 마지막 밤예배를 하고서는 염송을 하기 시작한다. 사람들은 염송을 공손히 들은 뒤에, 준비해 온 마른나무로 불을 활활 피운다. 그러고는 어떤 이들은 그 불길 속에서 춤을 추는가 하면, 어떤 이는 불을 입으로 삼켜 불을 끄기도 했다. 이것은 아흐마디야파의 전통놀이인데, 심지어 어떤 이는 큰 뱀을 잡아 이빨로 대가리를 물어 자르기까지 한다.

한번은 이들과 비슷한 놀이를 하는 패를 인도에서 만났다. 인도의 델리에서 5일 거리에 있는 아프카나부르라는 곳을 지나다가 사루라는 강가에 머문 적이 있었다. 당시는 샤칼이라는 계절로, 샤칼은 현지 말로 '우기'라는 뜻이었다. 그래서 강가로 독초의 독이 씻겨 흘러 들어가기 때문에 강물에 아무도 접근할 수 없어 4일간 머물 수밖에 없었다. 그때 그곳에 수행자 한 패거리가 왔는데, 칠흑색 얼굴을 한 하이다리야파에 속한 사람들이었다. 그들은 불을 지필 나무를 가져다 달라고 했다. 그러더니 저녁예배를 마치고는 나무에 불을 놓더니 불길이 타오르자 잠시 우러러본 뒤 불길 속으로 뛰어들어 춤추고 뒹구는 것이 아닌가. 그들의 두령이 내게 옷을 벗어 달라기에 벗어 주었더니 그 옷을 입고서는 불 속에 뛰어들어 뒹굴기도 하고 불길을 막대기로 치기도 하니까, 불은 꺼지고 말았다. 그 뒤에 옷을 돌려받았는데, 불에 탄 흔적은 조금도 없어 그의 장기에 깜짝 놀랐다.

새벽에 길을 떠나 드디어 바스라(오늘날 이라크 남동부에 있는 주바이르)에 도착했다. 바스라는 부지가 넓고 짜임새가 있으며, 화원이 즐비하고 과실이 풍족하다. 바닷물과 강물이 합류하는 곳이라서 실로 푸르고 기름지다. 세상에는 이곳만큼 대추야자가 많은 곳은 없을 것이다. 이곳에서는 대추야자로 사일란이라는 꿀을 만드는데, 장미수처럼 향기롭다. 우리 일행은 이곳에서 말리크 븐 디야르 여관에 묵었다. 바스라로 올 때 3킬로미터쯤 떨어진 곳에서 마치 보루같이 높은 건물이 보였다. 무엇인지 궁금해서 물었더니 알리 븐 아비 딸리브의 사원이라고 했다. 원래 바스라는 넓고 훤한 곳에 자리하고 있었으며, 그 한가운데에 이 사원이 있었다.

바스라는 유프라테스 강과 티그리스 강 사이에 있어서 만조와 간조가 있다. 물이 짠 페르시아 만에서 불과 16킬로미터 거리에 있기 때문에 만조 때는 짠물이 민물보다 우세하고, 간조 때는 그와 정반대다. 그래서 바스라 사람들은 불량수를 마시지 않을 수 없었다. 여기에서 그들이 마시는 물을 '주아크(짜고 씁쓸한 불량수)'라고 부르는 말이 나왔다.

이곳 사람들은 도덕심이 투철해 외방인에게 친절하며 할 도리를 다한다. 그래서 외부 사람이 이곳에 와도 외롭게 그냥 두질 않는다. 이방인을 초대해 자신들이 갖고 있는 것을 나누며 선행을 베푸는 것을 그들은 당연한 도리로 알기 때문이다.

바스라에는 첨탑이 7개 있는 사원이 있다. 그중 하나는 알리 븐 아비 딸리브라는 이름만 말하면 움직인다는 이야기가 전해졌다. 그래서 나는 한 바스라 인과 함께 사원 꼭대기에 있는 그 탑에 올라갔다. 탑 한구석에는 단단히 박힌 나무 손잡이가 하나 있는데, 마치 흙손의 손잡이처럼 생겼다. 나와 동행한 사람이 이 나무 손잡이를 잡고 "신자들의 수령이신 알라의 이름으로 맹세하나니, 움직일지어다"라고 말하면서 손으로 그 손잡이를 흔들었더니 정말로 탑이 움직였다. 그래서 나도 손잡이를 잡고 "나는 알라가 파견한 사람(라슬라)의 할리파인 아부 바크르의 머리 이름으로 맹세하나니, 움직일지어다!"라고 말하면서 손잡이를 흔들었더니 역시 탑이 움직였다. 신기한 일이 아닐 수 없었다.

나는 다시 바스라의 강기슭에서 쪽배를 타고 티그리스 강 기슭에 있는 우불라(바스라의 한 지역)로 갔다. 16킬로미터가량 뻗친 뱃길 좌우에는 화원이 계속 이어지고 대추야자나무가 무성했다. 장사꾼들은 나무 그늘 아래에서 빵, 물고기, 말린 대추야자, 우유, 과실 따위를 팔고 있었다. 바스라와 우불라 사이에는 타스타르 출신의 사흘 븐 압둘라의 자위야가 있는데, 배를 타고 그 앞을 지나가면 계곡 맞은편에서 사람들이 물을 마시며 현인으로부터 영복을 빌며 기도하는 모습을 볼 수 있다(원래 우블라는 인도와 페르시아 상인들이 드나들던 성대한 시였지만 지금은 파괴되어 하나의 읍이 되어 버림. 그러나 그곳에 가면 한때의 위용을 입증해 주는 궁정의 잔해들을 볼 수 있음).

이어 나와 일행은 페르시아 만으로 가는 작은 배에 올라 아바단(바스라의 한 구역)까지 갔다. 아바단에는 덕망 높은 독신 수행자가 한 사람 있는데, 한 달에 한 번씩 바다에 가서 한 달 먹을 거리의 물고기를 잡아 온다고 했다. 그러고는 한 달 내내 바다에는 얼씬도 안 하기를 몇 년째라고 했다. 우리 일행이 아바단에 도착한 후 별로 할 일이 없던 나는 그 수행자를 찾아갔다. 폐허가 된 한 사원 자리에서 예배를 하고 있는 수행자를 보고서 그의 곁에 다가가 앉았더니 그는 얼른 예배를 마치고 나의 손을 잡았다. 그러고는 "알라께서 현세와 내세에서의 당신의 욕망이 모두 실현되게 해 주시기를 기원합니다"라고 하는 것이 아닌가.

사실 알라께 감사드리거니와, 현세에서 나의 욕망은 세상을 여행하려는 것이었는데 이미 실현되었다고 생각했다. 나는 이 방면에서 그 누구도 도달하지 못한 경지에 도달했다고 감히 자부했다. 이제 남은 것은 내세의 일뿐이라고 여겼다. 그것도 알라의 자비와 관용으로 낙원에 들어가려는 자신의 욕망이 반드시 실현되리라는 강렬한 회망도 갖고 있었다.

나는 돌아와서 친구들에게 이 수행자에 관한 이야기를 하며 그가 있는 곳을 알려 주었다. 그 후 친구들이 그곳을 찾아갔으나 그를 만나지 못한 것은 물론, 전혀 소식조차 알 길이 없었다. 모두가 의아해하지 않을 수 없었다.

다음 날 아침, 배를 타고 또 다른 목적지를 향해 떠났다. 나는 여행을 하면서 될 수 있는 대로 한 번 지나간 길은 다시 밟지 않는 것을 원칙으로 삼고 그렇게 행했다.

사막과 평원지대를 지나 도착한 도시는 투스타르(오늘날 슈슈타르)다. 이곳은 아타비크 지방의 평원 끝머리이자 산지의 시작이다. 생기가 돌고 수려한 도시로서 꽃이 활짝 피어 화려한 화원과 푸르고 싱싱한 잔디밭, 그리고 훌륭한 자선시설과 만물시장이 있다. 또한 아즈라크 강('푸른 강'이라는 뜻으로, 오늘날 카룬 강)이 이 도시를 감돌고 있는데, 강물이 놀라울 정도로 굉장히 맑을 뿐만 아니라 더운 날에도 손을 담그면 손이 시릴 정도로 차갑다. 그렇게 푸른 강물은 발하산 강을 빼고는 일찍이 본 적이 없다. 강물은 깊고 푸르며, 강가에는 화원과 수차가 이곳저곳에 널려 있다.

그런데 나는 이 도시에 들어가자마자 열병에 걸리고 말았다. 이 고장은 더운 계절만 되면 열병이 유행한다고 했다. 이런 현상은 물과 과실이 많은 다마스쿠스도 마찬가지였다. 내 친구 몇도 열병에 걸렸다. 그중 후라산 출신의 야히란 샤이흐는 끝내 병사하고 말았다. 그러자 이곳의 샤이흐 샤라풋 딘이 시신을 처리하는 데 필요한 모든 일을 도맡아 하고 명복을 비는 예배까지 올려 주었다. 나는 이곳에 카샨 출신의 바하웃 딘이라는 병든 친구를 남겨 놓고 길을 떠났는데, 그 역시 내가 떠난 뒤에 운명했다. 나도 이곳에서 병에 걸렸지만 샤이흐의 간병 덕분에 무사히 병을 이겨내고 이자즈(오늘날 이란 후지스탄과 아스파한 사이의 산중 도시)를 향해 떠났다.

이자즈는 국토의 대부분이 고산지대다. 이자즈의 국왕 술탄 아타비크 아흐마드는 청렴한 사람이었다. 그는 나라를 위해 국토의 대부분이 고산지대임에도 바위를 깎아 길을 닦고 넓혔다. 그 덕분에 가축들은 무거운 짐을 지고도 너끈히 도시를 오르내릴 수 있었다.

내가 이자즈에 도착했을 때는 그의 둘째 아들인 아타비크 아프라시아브가 도시를 다스리고 있었다. 그런데 아프라시아브는 주색에 빠져 금요일이 아니면 외출하지 않았기 때문에 결코 만나 볼 수 없었다. 또한 그 시기에 세자로 책봉되었던 외아들이 운명하여 온 나라가 애도 중이었다.

어느 날, 술탄의 초청을 받아 궁전에 갔다. 여러 계단을 밟고 어떤 곳으로 갔는데, 애도 중이라서 그곳에는 아무런 시설도 없었다. 술탄은 자리를 깔고 앉아서 두 손에 금과 은으로 된 닫힌 그릇 두 개를 들고 있었다. 그곳에는 푸른색 주단이 한 장 있었는데, 술탄 곁에 깔아 주어 나는 그 위에 앉았다. 그 자리에는 술탄을 호위하는 법학자 마흐무드와 성도 이름도 모르는 술탄 친구 한 사람만이 자리를 지키고 있었다. 술탄은 내 안부를 물은 뒤 나의 고향과 나세르 왕, 그리고 히자즈 지역에 관해 이것저것 물었고, 나는 이에 수문수답했다.

얼마 있다가 그곳의 수석법학자인 대법학자가 왔다. 술탄은 내게 "이분은 우리의 마울라인 파딜입니다"라고 소개했다. 페르시아 전 지역에서는 법학자를 '마울라'(주공이라는 뜻)라고 칭하는데, 술탄을 비롯해 모두가 그렇게 부른다. 술탄은 그를 극구 칭찬했지만 내게는 술탄이 술주정하는 것처럼 보였다. 나는 이내 그가 많이 취해 인사불성이라는 것을 알아차렸다. 이윽고 술탄은 유창한 아랍 어로 내게 한마디 할 것을 권했다. 그래서 나는 "들어 주신다면 기꺼이 한마디 하겠습니다. 당신은 금욕과 청렴으로 유명했던 술탄 아타비크 아흐마드의 후예입니다. 당신의 권위에 대해서는 비난의 여지가 없지만 이 한 가지만은 비난을 받아야 할 것입니다"라고 말하면서 손으로 금과 은으로 만든 두 그릇을 가리켰다. 내 말에 무안해서 술탄은 잠자코 있었다.

아스파한 이맘 광장.

　내가 일어서려고 하자 술탄은 앉으라고 만류하면서, "당신과 같은 분을 만나 의견을 나누게 된 것은 큰 은혜인가 봅니다"라고 했다. 잠시 후 나는 술탄이 꾸벅꾸벅 조는 것을 보고 자리를 떴다. 그런데 궁전에 들어올 때 문 옆에 놓아두었던 신발이 보이질 않았다. 법학자 마흐무드도 내려와 찾았으나 못 찾았다. 법학자 파뒬이 다시 앉았던 곳에 올라가더니 창문턱에서 신발을 찾아왔다. 그의 친절에 나는 그저 감사할 따름이었다. 그는 내 신발에 입을 맞추고는 머리 위로 올리면서 "알라께서 당신에게 복을 주기를 기원합니다. 방금 당신이 우리 술탄에게 하신 말은 당신과 같은 분이 아니고서는 감히 그 누구도 할 수 없는 말입니다. 바라건대 그 말씀이 그에게 영향을 주었으면 합니다"라고 말하는 것이었다.

아스파한 주마 마스지드.

　며칠 뒤 나는 수도 이자즈를 떠나 페르시아 이라크의 아스파
한(이란의 중앙부, 테헤란 남방 400킬로미터 지점의 고도)에 도착했다. 아
스파한은 크고 아름다운 도시다. 아스파한 사람은 용모가 준수
하고 피부색은 밝고 희면서 불그스레한 빛이 약간 돈다. 사람들
은 모두가 용감하고 기개가 있다. 또 모든 사람이 웃어른을 '칼
루'라 부르며 우대했다.

　아스파한에서 나는 주나이드의 제자인 샤이흐 알리 븐 사흘
이가 세운 자위야에 머물렀다. 자위야는 일반인들에게도 개방
되어 누구나 돈 한 푼 안 쓰고 들어갈 수 있는데, 이곳에는 바닥
에 대리석을 깔고 벽에 타일을 붙인 욕실이 있는 것이 특징이었
다. 자위야의 샤이흐는 쿠트붓 딘 후사인으로 신앙심이 깊어 구
차하고 불쌍한 사람들을 사랑할 뿐만 아니라, 그들을 겸허하게

대했다. 순례자인 내게도 극진히 대접하여 내가 자위야에 도착하자마자 수박 세 개를 보내왔다.

어느 날, 샤이흐가 내가 머물고 있는 자위야에 들렀다. 그곳에서는 샤이흐의 화원이 한눈에 내려다보인다. 그날은 마침 누군가가 그의 옷을 빨아서 화원에 널어놓았다. 그중에 그들이 '하즈라미히'라고 부르는 흰 겉옷이 한 벌 있었다. 나는 그것이 마음에 퍽 들어 속으로 '저런 옷이라면 한번 입고 싶은데……'라고 생각했다.

바로 그때 들어온 샤이흐는 화원 쪽을 보면서 한 심부름꾼에게 "저 하즈라미히를 이리 가져오게"라고 말했다. 심부름꾼이 옷을 가져오자 샤이흐는 내게 그 옷을 입혀 주는 것이 아닌가. 나는 실로 고마워서 그의 발 앞에 엎드려서 두 발에 입을 맞추었다. 나는 그에게 그의 선친이 여러 샤이흐에게 했던 것처럼, 그가 쓰고 있는 모자를 나에게 씌워 줄 것도 간청했다. 이런 행동은 대관의시라고 하여 스승이나 선배가 문하인이나 후배의 신앙심과 덕행을 인정하는 의식이다. 1327년(이슬람력 727년 6월 14일)에 그 자위야에서 샤이흐 쿠트붓 딘 후사인은 내게 대관의시의 혜택을 베풀었다.

순례단은 길을 떠나 다음 목적지인 페르시아 남부의 시라즈에 닿았다. 이곳은 고색창연한 건물에 부지도 넓고 명망과 위용을 두루 갖춘 고도이다. 꽃들이 활짝 핀 화원, 물이 넘실대는 하천, 번화한 시장, 고급스러운 거리, 이 모든 것이 이 도시에 있었

시라즈의 흔적.

다. 그런가 하면 많은 건물들이 빈틈없이 구획에 따라 정리되어
있어 놀라울 정도였다. 시장은 직종에 따라 전문적으로 나뉘어
있어 서로가 뒤섞이지 않는다. 사람들은 모두가 빼어난 용모에
정갈한 옷을 입고 있다. 동방에서 시장이나 화원, 강, 그리고 주
민의 용모 등 갖춤새에서 다마스쿠스와 거의 비교되는 곳은 오
로지 이 시라즈뿐이다. 평원에 자리한 이곳은 시내를 가로지르
는 하천만 다섯 개나 된다. 그중 하나가 루크누 아바드라는 하
천인데, 물맛이 달 뿐만 아니라 물이 여름에는 차고 겨울에는
따뜻하다. 그 발원지는 근방에 있는 칼리아라는 산기슭에 있는
어느 샘이다.

시라즈 사람들은 모두가 청렴하고 신앙심이 깊으며 또한 정
결하다. 특히 여성들이 그렇다. 그녀들은 밑창이 연한 신발인

시라즈의 옛 흔적이 남아 있는 기둥들.

훗프를 신고 외출할 때는 꼭 장옷을 입고 면사를 써서 살갗이
조금도 드러나지 않게 한다. 그녀들은 빈민을 구제하는 데에도
솔선한다. 기특한 것은 그녀들이 매주 월요일, 목요일, 금요일
이면 대사원에 모여 설교를 경청한다는 사실이다. 일단 모이면
1천~2천 명이 족히 된다. 날씨가 무더운 탓에 손에 든 부채를
연신 흔들어 대는데, 나는 어느 곳에서도 여성들이 이렇게 많이
모이는 것을 본 적이 없다.

  내가 시라즈에 들어설 때, 내 마음은 오로지 법관이고 이맘이
며 최고의 현인이고 희대의 위인이며 의인인 마즈듯 딘 이스마
일 븐 무함마드 븐 하다드에게 달려갔다. 하다드는 알라의 은사
라는 뜻이다. 나는 그의 이름을 딴 마즈디야 마드라사부터 찾았
다. 내가 그에게 인사하자 그는 나를 꼭 껴안았다. 그러곤 내 손

시라즈 사신도.

을 꼭 잡고 예배하는 자리까지 가서야 손을 놓으며 그의 곁에
서 예배를 하라고 손짓했다. 나는 그대로 따랐다. 그는 예배를
마친 뒤 내가 그곳에 오게 된 경위는 물론 마그리브나 이집트,
샴, 히자즈에 관해 두루 물었다. 나는 아는 대로 이야기했다. 그
는 시중꾼에게 나를 마드라사 안의 자그마한 독채에서 기거할
수 있도록 하라고 지시했다. 그의 너그러움은 그뿐만이 아니었
다. 때때로 자신이 갖고 있는 모든 것, 지어 입고 있는 옷가지를
남들에게 주고는 자신은 누더기 옷을 입곤 했다. 시에 있는 관
리들이 그에게 들를 때는 이런 형편을 알고 수시로 옷을 보내왔
다.

　어느 날인가 그를 방문하러 마드라사에 갔더니 문이 닫혀 있
었다. 영문을 알아보니, 유산 문제를 놓고 분쟁이 생긴 술탄의

어머니와 그의 누이가 법관 마즈듯 딘의 마드라사로 찾아와 재판을 청구하기에 그가 교법에 따라 문제를 해결해 주었다고 한다. 시라즈 사람들은 그를 법관이라고 부르지 않고 우리의 가장 위대한 주공이라고 부른다. 그의 서명이 필요한 등기나 계약서 같은 데서도 모두 이렇게 쓰고 있다.

나는 인도에서 나올 때 법관 마즈듯 딘을 다시 한 번 만난 바 있다. 1347년(이슬람력 748년)에 그를 만나 복을 구하고자 호르무즈로부터 일부러 찾아갔다. 호르무즈와 시라즈는 35일 거리다. 내가 그에게 들렀을 때 그의 거동은 픽 불편했다. 인사를 하니 그는 나를 알아보고 다가와 꼭 끌어안았다. 그의 팔꿈치를 잡아 보니 정말로 뼈만 앙상했다. 그는 내가 첫 번째 찾아갔을 때 묵게 한 그 마드라사에 또 묵도록 해 주었다. 내가 그곳에 머무는 동안 시라즈의 왕 술탄 이스하크가 방문하여 이 법관 앞에서 한 손으로 귀를 잡고 꿇어앉아 있었다. 그들에게 이것은 최상의 예절로, 왕 앞에 앉을 때 비로소 이렇게 한다.

다시 시라즈를 떠나 황야를 가로질러 쿠파에 도착했다. 쿠파는 이라크의 주요 도시의 하나로서, 특히 사물의 이치를 가리는 변론의 도시이고, 성문도반과 성훈전승자들의 안식처이며, 학자들과 수행자들의 거처이고, 신자들의 수령인 알리 븐 아비 딸리브의 수도로 불리는 곳이었다. 원래 이 도시는 성곽이 없고 건물은 벽돌로 지어졌었다. 그러나 잇단 침략과 인근에 사는 하파자 아랍 인들의 강도질 같은 횡포에 시달리는 바람에 도시는 처참하게 파괴되어 버렸다. 단, 시장은 번성하여 주로 말린 대추야자와 물고기를 팔고 있다.

쿠파에는 웅대하고 성스러운 대사원이 있다. 그곳에는 석판 통로가 7개 있는데, 이 통로는 잘 다듬은 큰 돌기둥에 의지한다. 기둥은 돌을 차곡차곡 쌓아서 만들었으며, 돌 사이는 납으로 메웠다. 통로는 상당히 길다. 이 대사원에는 여러 가지 귀중한 유적이 남아 있었다. 예컨대 벽감 맞은편에 남쪽을 향하여 오른쪽에 방이 하나 있는데, 그곳이 바로 선지자 이브라힘이 예배하던 곳이라고 한다.

노아의 대홍수 때 사원 자리에 놓인 화로에서 불길이 솟아올랐다고 한다. 사원의 뒤쪽, 즉 사원의 바깥쪽에 있는 방이 바로 노아의 집이라고 한다. 맞은편에 있는 방은 선지자 이드리스의 수행처다. 그곳으로부터 대사원의 남쪽 벽까지 사이에는 공터가 있는데, 그곳이 바로 노아가 배를 건조하던 곳이라고 한다. 이 공터의 맨 끝에 알리 븐 아비 톨리브의 집과 그가 세정을 하던 방이 있고, 그 방에 이어 노아의 방이 있었다고 한다. 이 모든 것이 사실인지는 알라만이 알 일이다.

쿠파를 떠나 우리는 대추야자수 원림 속에 파묻힌 아름다운 마을 비어룰 말라하, 후사인 븐 알 리가 순교한 곳인 카르발라를 지나 드디어 바그다드에 도착했다. 바그다드는 이슬람의 수도이고 할리파(최고 통치자를 말함)들의 안식처이며 학자들의 정착지이다. 바그다드 시에 대해서는 수많은 시인들이 시로 읊었

바그다드 시장의 모습(존 필립 뉴먼 그림, 1876년)(출처: 위키피디아).

다. 우선 도시의 변모에 관해서는 시인 아부 타맘 하비브 븐 아
우스가 이렇게 말했다.

바그다드는 이미 그 부음이 전해졌으니
세월의 풍상에 허물어진 그 참경 슬피 우노라.
티그리스 강은 전화에 휩싸여도,
불길만 잡히면 곳곳이 우아했건만
이제 그 찬란했던 과거로 돌아가려 한들,
바라는 그 마음엔 실망만이 자리하네.
마냥 일찌감치 청춘을 보내어
천부의 아름다움 날려 보낸 노구처럼.

또 다른 시인은 이렇게 노래했다.

바그다드의 훈훈한 분위기
천신만고인들 다가가고 싶어라
어찌 하루라도 그곳을 떠나랴
온갖 훈훈한 분위기가 다 아우러졌는데

바그다드에는 욕탕이 많은데, 모두가 대단히 우아하다. 욕탕은 대부분 바닥까지 역청을 발라서 보는 사람으로 하여금 흑색 대리석을 연상하게 한다. 이 역청은 쿠파와 바그다드 사이에 있는 어느 땅에서 나온 것이다. 그곳에서는 역청이 계속 솟아 나와 주변에 찰흙처럼 쌓인다. 그것을 삽으로 퍼서 바그다드로 가져오는 것이다. 욕탕마다 목욕 칸이 많은데, 모든 목욕 칸에는 역청을 발라 놓았다. 그리고 욕탕의 벽은 지면에서부터 절반은 역청으로 칠하고 나머지 윗부분은 회칠을 했다. 상반된 두 색깔이 잘 어울리면서 대조를 이룬다.

목욕 칸 안에는 대리석 욕조가 있으며 거기에는 관이 두 개 있다. 하나에서는 따뜻한 물이 나오고, 또 다른 하나에서는 찬물이 나온다. 욕조 한 칸에 한 명씩 들어가는데, 원하면 몰라도 그렇지 않고는 누구도 함께 들어갈 수가 없다. 또 목욕 칸 한구석에는 전신세정용 욕조가 하나 따로 있다. 여기에도 따뜻한 물과 찬물이 나오는 관이 두 개 설치돼 있다. 욕탕에 들어가는 사람에게는 수건이 세 장 제공된다. 하나는 들어갈 때에 아랫도리를 가리고, 다른 하나는 나올 때 아랫도리를 가리며, 나머지 것으로는 몸에 있는 물기를 씻어 낸다. 물론 다른 곳에서도 이와 비슷하기는 하지만, 바그다드에서처럼 이렇게 완벽하게 하는 곳을 일찍이 본 적이 없다.

내가 바그다드에 도착했을 때 마침 이라크 국왕이 그곳에 있었다. 그는 거룩한 술탄인 아부 사이드 바하두르 한°이다. '한'은 왕이라는 뜻이다. 그는 얼굴에 추호의 그림자도 없는, 알라가 창조한 빼어난 용모를 가진 완벽한 인물이었다. 용모뿐만 아

14세기 이라크는 몽골 제국의 4한국 중 하나인 일 한국의 지배를 받고 있었다. 일 한국은 1258년에 칭기즈칸의 막내아들인 툴루이의 셋째 아들 훌라구가 압바스 왕조를 물리친 뒤 세운 나라이다. 그는 몽골 제국의 세력을 페르시아, 이라크, 소아시아까지 확장했다. 훌라구를 계승한 그의 후손들은 기독교도로부터 지지를 받기도 했으며, 이슬람에 최초로 귀의하기도 했다. 또한 7대 칸이었던 가잔(1271~1304)은 불교인으로 성장하다가 이슬람으로 귀화한 뒤 이슬람을 국교로 만들었다. 일 한국은 마스지드와 마드라사, 천문대 등을 세우고 군대와 세제를 대폭적으로 개편했던 그의 시절에 번영의 절정을 누렸다.

이븐 바투타가 방문했던 때 일 한국의 술탄은 아홉 번째 왕인 아부 사이드(1305~1334)였다. 아부 사이드는 외부적으로는 몽골 인에 대해 적대감을 갖고 있었던 이집트의 맘루크 왕조와 좋은 관계를 유지했던 반면 내부적으로는 절대적 권력을 행사하지 못했다.

니라 그의 너그러움도 완벽했다. 어느 날 술탄은 한 무리의 시각장애인을 우연히 만났다. 그들은 저마다 어려운 형편을 하소연했다. 그러자 술탄은 사람들에게 옷 한 벌과 필요한 용돈을 하사할 뿐만 아니라 젊은 사람들을 시켜 그들의 길을 안내하도록 했다.

이 술탄의 아들은 무함마드 후자반다인데, 그는 몽골 왕들 중에서 유일하게 이슬람에 귀의한 왕이다. 그의 정확한 이름에 관해서는 여러 가지 설이 있다. 일설에는 '후다반다'가 정식 이름이며, 이는 '알라의 노복'이라는 뜻이라고 한다. '후다'는 페르시아 어로 '지고의 알라', '반다'는 '아들'이나 '노복'이라는 뜻이다. 다른 일설은 '하르반다'로서 '하르'는 페르시아 어로 '당나귀'를 뜻한다. 따라서 그 이름은 '당나귀의 아들'이다. 이렇듯 두 설은 엄청난 차이를 보이지만 '반다'라는 데는 서로 다르지 않다. 그렇지만 뒤의 설이 더 널리 알려져 있다. 아마 어떤 편견 때문에 앞의 설이 뒤의 설로 와전되지 않았나 싶다. 들은 바에 따르면, 뒤의 이름으로 부르게 된 것은 다음과 같은 이유 때문이라고 한다.

보통 몽골 인들은 신생아의 이름을 그가 태어날 때 집으로 들어온 첫 사물의 이름을 따서 부른다. 그래서 이 술탄이 태어났을 때 처음으로 집에 들어온 것이 당나귀였기 때문에 그에게 '하르반다'라는 이름을 붙였는데, 훗날 그 이름으로 계속 불렸다. 그의 동생은 카자간인데, 사람들은 보통 '카잔'이라고 부른다. '카자간'은 '솥'이라는 뜻으로, 여종이 솥을 들고 들어섰을 때 그가 태어났기 때문에 그렇게 부른다고 했다.

나는 술탄 아부 사이드의 의장대를 따라 바그다드 주변을 여행했다. 10일간의 여행 끝에 타브리즈에 도착했는데, 타브리즈의 시장인 카잔 시장은 세상에서 가장 훌륭한 시장 중 하나로 손꼽힌다. 점포들이 업종별로 따로 있어서 혼잡하지 않다. 보석 시장에서는 갖가지 보석을 보며 나는 황홀지경에 빠지지 않을 수가 없었다. 특히 상점 앞에는 준수한 얼굴의 투르크 노복들이 화려한 옷에 허리에는 비단 허리띠를 두르고 손에 보석을 들고 서 있었다. 그들이 투르크 여인들을 보고 보석을 사라고 하면 여인들은 앞 다투어 보석을 사들였다. 나는 이 모든 것을 비행으로 보고 삼가 알라의 가호를 기원했다. 이어서 들른 고급 향수의 원료가 되는 용연향(향유고래의 장에서 생성된 고체물질)과 사향 시장(사향노루 수컷의 사향낭에서 얻어지는 흑갈색 가루)도 사정은 비슷했다.

타브리즈를 떠날 때 지방으로 출행을 나가 있는 술탄으로부터 전갈을 받고 그를 만나러 갔다. 술탄은 내 고향에 관해서 이것저것 묻고 의상과 승마를 하사했다. 바그다드의 아미르(총독, 또는 사령관)는 내가 성 히자즈에 가고 싶어 한다는 것을 술탄에게 알렸다. 그러자 술탄은 나를 위해 교자와 여행하면서 먹을 것과 탈 것을 마련해 줄 것을 명하고는 아미르에게 특별히 부탁한다는 친서까지 써 주었다. 그 덕분에 나는 여행 후 바그다드에 무사히 돌아올 수 있었으며, 술탄이 나에게 지시한 사항들도 원만히 수행했다. 성지순례단이 떠나려면 아직 두 달 남짓한 시간 여유가 있어서, 나는 다시 바그다드 근처를 돌아보기로 했다.

바그다드 근처에는 타크리트라는 도시가 있는데, 땅이 넓고 시장이 화려하며 사원도 많다. 시민들은 고상한 도덕을 지닌 것으로 널리 알려져 있다. 도시의 동쪽에 흐르는 티그리스 강가에는 견고한 성채가 있다. 건설한 지 오래된 도시로서 성벽으로 에워싸여 있다. 여기서부터 두 구간을 지나서 도착한 곳은 티그리스 강가에 자리한 아크르라는 마을이다. 주로 대상들이 묵는 곳인데, 마을의 위쪽은 구릉지대로 원래는 보루가 있었다.

이곳을 지나 티그리스 강에서 가까운 캇야라라는 곳에 이르렀다. 순례자들의 유숙지이기도 한 이곳은 흙색이 거뭇거뭇하며 역청(점성의 검은 액체, 석탄과 가스 상태에 있는 것들을 제외한 수소와 탄소로 이루어진 천연 화합물)이 솟아나는 역청정이 여러 개 있다. 사람들은 구덩이를 파서 그곳에 역청을 저장한다. 역청은 지면에서 보이는 점토와 흡사한데, 칠흑색에 광택이 나고 차지며 냄새가 좋다. 역청정 주변에는 큰 못이 하나씩 있는데 물 색깔이 검다. 물 위에 얇은 막 같은 것이 떠오르는데, 그것을 한쪽으로 밀어 모으면 그대로 역청이 된다. 캇야라 부근에는 큰 역청정이 하나 있는데, 역청을 가져가려면 먼저 흘러나온 역청에 불을 지른다. 그러면 수분이 불에 의해 다 걷히고 바싹 마르게 되는데,

그때 토막토막 쪼개서 운반한다. 다른 곳의 역청정도 사정은 마찬가지다.

이어 순례단은 신자르에 이르렀다. 이곳은 큰 도시로 과실과 수목이 많으며, 마르지 않는 샘과 하천도 있다. 산기슭에 있으며 하천이나 화원이 많은 면에서는 다마스쿠스와 비슷하다. 대사원은 좋은 일들이 일어나기로 유명한데, 그곳에서 기도하면 보답이 있다고 한다. 냇물은 사원의 주위를 한 바퀴 돌고 시내를 가로지른다. 신자르 시민은 용감하고 호방한 쿠르드 인들이다. 내가 그곳에서 만난 사람들 중에는 독실한 수행자이고 금욕주의자인 샤이흐 압둘라 쿠르디가 있다. 그는 저명한 샤이흐의 한 사람으로서 존경을 받고 있다. 그는 꼭 40일 후라야 개재식을 하며, 그때의 음식은 고작 보리빵 반 조각이라고 한다. 나는 그를 신자르 산꼭대기에 있는 여관에서 만났다. 그는 나를 위해 기도할 뿐만 아니라 돈까지 주었다. 나는 이 돈을 인도의 불신자들에게 빼앗길 때까지 내내 지니고 다녔다.

나는 도시 몇 군데를 지나 다시 바그다드로 돌아왔다. 때마침 순례단은 메카로 떠날 채비를 하고 있었다. 나는 시장인 마아루프 하와자를 찾아가 술탄이 나를 위해 분부한 일을 처리해 달라고 했다. 그랬더니 시장은 낙타 가마에 자리를 지정해 주고, 네 사람분의 식량과 음료수를 준비해 주겠다고 하면서 이에 관한 문서를 내게 써 주었다. 그러고는 나에게 순례단 단장인 바흘라완 무함마드 후와이즈를 찾아가서 부탁하라고 했다. 나와 단장은 구면이어서 단장은 시장이 당부한 것 이상으로 빈틈없이 나를 잘 챙겨 주었다. 여행 내내 그는 내 곁에 있었다.

순례단장의 지극한 보살핌에도 불구하고 쿠파를 떠나자마자 나는 설사병에 걸렸다. 일행은 하루에도 몇 번씩 나를 낙타 교사에서 내려놓아야 했다. 순례단장은 여행하는 동안 내 건강 상태를 살펴보면서 여러 가지를 당부했다. 나는 지고한 알라의 성지인 메카에 도착할 때까지 시름시름 앓았다. 결국 나는 그해 메카에서 잠시 동안 몸을 의탁하며 지냈다. 순례가 끝난 뒤에도 나는 1328, 1329년(이슬람력 729, 730년) 계속 메카에 머물렀다. 그리고 예멘을 통해 수단 해안으로 향했다.

이븐 바투타가 3대륙을 무사히 여행할 수 있었던 비결

이븐 바투타가 아시아, 유럽, 아프리카 3대륙 여행을 무사히 수행할 수 있었던 비결은 무엇일까? 지금도 세계 여행에는 여러 가지 장애가 따르는데, 하물며 14세기는 지금만큼 교통이 발달하지도 교역이 활발하지도 않던 시대가 아니던가. 정수일 한국문명교류연구소 소장은 그 이유로 넷 가지를 꼽는다.

먼저, 시대적 배경으로 14세기 전반에는 이슬람이 세상을 아우르는 중심 세력의 하나로 기능하고 있었다. 이슬람 통일 제국을 이루었던 압바스 왕조 멸망(1258) 이후 이슬람 세계는 이슬람이 다각화되던 시기였다. 이집트에서는 맘루크 왕조(1250~1517)가, 압바스 왕조가 사라진 지역에는 일 한국(1258~1353)이, 이베리아 반도에는 나스르 왕조(1232~1492)가 새로운 세력으로 각각 등장했다. 그 결과 서서히 이슬람 문명이 토착화되면서 지역적 특성도 나타나기 시작했다.

이슬람 문명의 다각화, 지역화 과정에서 이슬람교의 포교에 선도적 역할을 한 것이 수피즘(이슬람의 신학 겸 종교사회운동)이다. 이븐 바투타가 여행하는 내내 묵었던 '자위야'는 바로 수피즘의 수행 도장이었다. 이것이 이븐 바투타가 원활하게 여행할 수 있었던 두 번째 이유이다. 자위야는 수행과 함께 포교 활동의 거점으로 무슬림 여행자들에게는 여관의 역할을 했다. 그리고 이슬람교 특유의 형제애가 큰 울타리가 되어 주었다. 종교적 기본 이념에서 기독교가 박애라면 불교는 자비, 이슬람교는 형제애다. 무슬림이라면 혈통이나 지위 고하를 막론하고 형제라는 것이 무슬림의 기본적 인간관계. 특히 이븐 바투타는 법관 신분이었기에 이슬람 세계 곳곳을 누비는 데 더욱 유리한 상황에서 긴 여행을 할 수 있었다.

마지막으로 우리가 모르는 아랍 무슬림들의 무수한 여행 관련 기록들이 이븐 바투타가 여행을 완수하는 데 큰 도움이 되었다. 10세기 전후하여 이미 아랍의 여행가나 상인들은 세계 곳곳을 누비며 현지 견문록 등 귀중한 기록들을 많이 남겨 놓았다. 이런 기록들은 이븐 바투타가 여행하는 데 호기심을 자극했으며, 여행의 목적이자 길잡이가 되었다.

4

아프리카 동부를 가다

홍해 연안과 아프리카 동부(1329-1331)

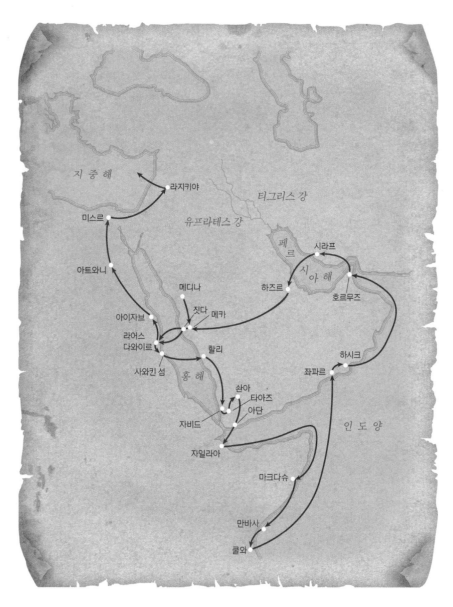

메카에서 아프리카 동부를 거쳐 라지키야까지.

수단으로 가기 위해서는 이집트와 메카 사이에 있는 짓다 해(오늘날 홍해)를 건너야 한다. 이곳에서 밑바닥이 깊고 음식물과 음료수 등 화물을 넣는 선창이 있는 '질바'라는 중형 선박을 타고 바다를 건넜다. 선주는 예멘 출신의 라쉬둣 딘 알피로, 그의 조상은 에티오피아 인이다. 나는 바닷길이 처음이라 못내 걱정스러웠다. 그러나 배는 순풍을 타고 이틀간 항해했다. 그러다가 바람이 역풍으로 돌변하면서 선박이 가는 길을 가로막았다. 높은 파도에 바닷물이 배 안으로 넘쳐 들어왔고, 사람들은 갈팡질팡했다. 우리 일행은 아이자브와 사와킨 사이에 있는 라어스 다와이르(오늘날 수단의 다루르)라는 정박지에 이를 때까지 내내 공포에 떨어야 했다. 해안에는 사원 모양의 갈대 정자가 하나 있었는데, 그 안에는 타조 알 껍데기가 수북이 쌓여 있었다. 껍데

홍해의 모습을 본떠서 만든 모형.

기마다 물이 가득 차 있어 마시기도 하고, 그 물로 요리도 했다.

나는 이곳에서 몇 가지 기이한 일을 목격했다. 이곳은 바다에서 뻗어 들어온 계곡같이 자그마한 만이다. 사람들은 천 조각을 들고 와서 물고기를 잡는데, 천 조각의 네 귀를 잡고 물속에 담갔다 꺼내기만 하면 금세 물고기가 가득 담겨 나왔다. 숭어의 일종인 부리라는 물고기로 길이가 팔 길이만 하다. 사람들은 이 물고기를 사 가기도 하고, 이 물고기로 요리를 하기도 한다.

일행들은 낙타를 빌려 타고 영양이 우글거리는 황야로 들어갔다. 이곳에는 부자라는 원주민이 살았다. 그들은 검은 피부에 옷이라곤 누런 천을 목에 두른 것이 전부이며, 머리는 손가락 너비만큼의 붉은 띠로 질끈 묶었다. 창과 검을 무기로 쓰는 그들은 대단히 용맹스러운 사람들이다. 부자 인들은 영양을 잡아 먹지 않는다고 한다. 그래서인지 일행이 황야를 지나는 내내 영양들은 사람들 곁을 치근거리며 피하지 않았다.

순례단은 다시 배로 돌아와 사와킨 섬을 거쳐 예멘 땅을 향해 갔다. 이 길에는 암초가 많아서 해가 떠서 질 때까지만 항해하고는 밤에는 뭍에 배를 대고 하룻밤을 묵었다. 사와킨 섬을 떠난 지 엿새 만에 우리 일행은 예멘의 할리에 도착했다.

할리는 예멘의 해안 도시로 메카까지는 8일 거리이다. 술탄은 카나나 족 출신의 아미르 븐 주아이브인데, 그는 후덕한 문학가이자 시인이다. 나는 그가 1329년(이슬람력 730년)에 성지순례를 할 때 메카에서 짓다까지 그를 수행한 바 있었다. 내가 그의 도시에 오자 그는 내게 잠자리를 마련해 주는 등 친절을 베풀어 주어, 일행은 며칠 동안 그의 대접을 받으면서 이 도시에서 지냈다.

할리에는 대단히 훌륭한 대사원이 있는데, 사원 내에는 예배만 열중하는 수행자들이 있다. 샤이흐 카불라 힌디는 대수행자 중 한 사람으로 독실한 금욕주의자이다. 그는 누더기에 펠트 모자를 쓰고, 사원과 잇닿아 있는 은거방에서 생활한다. 방바닥에는 모래만 깔려 있을 뿐 방석이나 주단 따위는 아예 없다. 내가 그를 만났을 때, 그의 방에 있는 물건이라곤 고작 부분 세정용 주전자와 야자 잎사귀를 엮어 만든 식탁뿐이었다. 식탁 위에는 바싹 마른 보리빵 한 조각과 소금이 담긴 접시, 그리고 박하

잎사귀 하나가 덩그러니 놓여 있었다. 누가 찾아오면 그저 이런 것으로 대접한다. 그래서 친구들은 스스럼없이 그를 찾아온다.

예멘에는 큰 도시가 여러 개 있는데, 그다음 찾아간 곳은 자비드다. 내륙 도시로 예멘에서 요지로 꼽는 큰 도시다. 건물이 많고 대추야자 원시림은 물론 물도 넉넉한 편이며, 예멘에서는 가장 아름다운 곳에 속한다. 자비드 사람들은 천성이 어질고 도덕심이 훌륭하고 외모가 준수했다. 특히 여성들은 성품이 뛰어났다. 여기가 바로 성인들의 교훈에 나오는 하쉬브 계곡이다. 교훈에 따르면, 알라의 사자는 선지자 무함마드가 포교를 위해 예멘에 파견한 무아즈에게 "무아즈여, 하쉬브 계곡에 이르면 걸음을 재촉하라"라고 타일렀다.

자비드 주민들의 대추야자 토요일절은 유명하다. 사람들은 대추야자가 익을 무렵 매주 토요일이면 대추야자 숲으로 나들이를 간다. 이때가 되면 시내에는 외래인을 포함해 한 사람도 남아 있지 않을 정도가 된다. 그중에는 오락을 즐기는 사람도 있고, 과실과 당과류를 내다 파는 시장 상인들도 있다. 부녀자들은 낙타 교자를 타고 가는데, 앞에서 말한 바와 같이 그녀들 모두는 그렇게 예쁠 수가 없고 성품도 훌륭하며 인자하기까지 하다. 특이한 것은 이곳 여성들은 마그리브의 여성들과는 달리 외지인과도 흔쾌히 결혼한다. 결혼 후 남편이 집을 나설 때면 멀리까지 나와 배웅한다. 그들 사이에 아이가 있으면 아버지가 돌아올 때까지 그녀가 책임지고 아이를 부양한다. 그렇다고 아버지가 없는 기간 동안의 비용이나 옷가지 등을 요구하는 것도 아니다. 만일 남편이 함께 있으면 약간의 비용이나 옷가지 따위를 얻는 것으로 만족한다. 그 대신 그녀들은 절대로 고향을 떠나지 않는다. 고향을 떠나는 대가로 얻는 것이 있어도 그녀들은 요지부동 고향을 지킨다.

여러 도시를 거쳐 예멘의 왕도인 타아즈에 닿았다. 예멘에서는 가장 훌륭하고 큰 도시이긴 하지만 시민들은 오만무례하다. 왕이 사는 왕도 사람들은 어디를 가나 대체로 이 꼴이다.

타아즈에 있는 동안 술탄이 백성들을 만나는 자리에 가 보았다. 일단 술탄이 정좌하면 한 사람씩 관례대로 그에게 인사를 하고 정한 대로 좌우에 갈라서는데, 그 누구도 제자리를 뜰 수 없다. 또한 하명이 떨어지기 전에는 누구도 앉을 수 없다. 술탄이 시위장에게 "○○○를 앉도록 하라"라고 명해야만 그 명을 받은 사람은 좌우에 서 있는 사람들의 앞에 펴 놓은 주단 위에 잠깐 앉을 수 있다. 그다음으로 일반식과 특별식의 두 가지 음식이 나오는데, 특별식은 술탄과 수석법관, 주요한 성예와 법학자들, 그리고 귀빈들이 먹는 음식이고, 일반식은 기타 서예(보통 사람의 후예)들과 법학자들, 법관들, 샤이흐들, 아미르들, 군 지휘관들이 먹는 음식이다. 사람마다 음식을 먹는 자리가 고정되어 있어서 헷갈리거나 서로 비비대는 일은 없다. 이러한 의례는 인도의 음식의례와 신통하게도 비슷하다. 도대체 인도 술탄들이 여기서 배워 간 것인지, 아니면 거꾸로 예멘 술탄들이 인도 술탄들에게서 배워 온 것인지 나로서는 통 알 수가 없다. 나는 예멘 술탄의 대접을 받으면서 타아즈에서 며칠간 머물렀다.

타아즈를 떠나 예멘의 수도 격인 솬아에 도착했다. 솬아도 큰 도시로, 벽돌과 석회로 지은 건물들이 참 볼만하다. 수목이 울창하고 과실과 농산물도 풍족할 뿐만 아니라 기후도 온화하고 물도 맑고 푸르다. 한 가지 신기한 것은 인도나 예멘, 에티오피아에서는 비가 한여름에, 그것도 대부분이 매일 오후에 내린다는 사실이다. 그래서 여행자들이 비를 피하기 위해서는 비가 내리지 않는 시기를 골라서 여행해야 한다. 한번 비가 내리면 워낙 억수로 퍼붓기 때문에 시민들은 비가 오기 전에 서둘러 집으로 돌아간다. 그러나 도시 전체가 포장이 되어 있어서 일단 비가 온 뒤에는 모든 거리와 골목이 말끔하게 씻기기 때문에 깨끗해진다.

우리는 아단에서 배를 타고 나흘 만에 자일라아[오늘날 아프리카 동부 소말리아 북부의 항만 도시 사일락(옛 이름은 제일라(Zeila)]에 갔다. 이곳은 예멘에 속한 지역으로 베르베르 족들이 산다. 이곳 사람들은 피부가 검은 흑인으로 샤피이야파에 속한다. 그들의 원래 나라는 자일라아로부터 마크다슈(오늘날 소말리아의 수도 모가디슈)까지 두 달 여정이나 되는 사막지대다.

자일라아에는 에티오피아에서 수입한 산양과 산양 가죽이 거래되는 거대한 전문 시장이 있는데, 커다랗지만 세상에서 가장 지저분하고 가장 황량하고 가장 악취가 풍기는 곳이기도 하다. 악취는 물고기가 많은 데다 거리에서 마구 잡는 낙타의 피 때문에 생겨난다. 시가지가 너무 지저분해서 우리 일행은 이곳에 도착한 뒤 위험하긴 하지만 시내에 머물지 않고 바닷가에 숙소를 잡았다.

자일라아를 떠나 배를 타고 장장 15일을 항해해서 아프리카 동부 쪽으로 향했다. 내가 도착한 항구도시는 마크다슈이다. 이곳은 대단히 큰 도시로 낙타가 많아서 매일 2백 마리씩 도살한다. 주민들은 억척같은 장사꾼들로 일단 배가 입항하면 작은 배를 타고 접근해서 배 위로 올라와 상인들에게 먹거리가 든 상자를 내밀며 "이분은 내 손님이오" 하고 말한다. 그러면 상인은 자연스럽게 그 젊은이를 따라 배에서 내려 그 집에서 묵게 된다. 손님이 묵게 되면 주인은 손님을 대신해 물건을 팔아 주거나 물건을 사 주면서 이익을 취한다.

내가 도착할 때도 배로 젊은이들이 접근했다. 한 젊은이가 나에게 다가오자 내 친구들이 "이분은 상인이 아니라 법학자일세"라고 말했다. 그러자 그 젊은이가 자기 친구들에게 "이분은 법관의 손님이다"라고 외치는 것이 아닌가. 마침 그들 중에 마크다슈 법관의 친구가 있어 법관에게 이 사실을 알렸다. 현지 법관이 해안까지 와서 말하길, 이곳의 관례는 외부에서 수행자나 법관이 오면 우선 술탄을 진현하는 것이 예라고 한다. 우리 일행은 그들과 함께 마크다슈의 술탄에게로 갔다.

마크다슈의 술탄은 베르베르 족 출신으로 마크다슈 어뿐만 아니라 아랍 어도 능통했다. 술탄은 선박이 도착하면 자신의 작은 전용선을 보내 배가 어디서 왔으며 선주가 누구이고, 무엇을 실었는지, 동승한 사람들은 어떤 사람들인지 등을 일일이 캐묻고 보고를 받는다. 그리고선 직접 접대할 만한 사람을 손님으로 맞는다.

나는 이집트 출신의 법관이라는 이븐 부르한과 함께 술탄 궁에 도착했다. 술탄은 나에 대해 보고를 받고 필발(약용 식물) 잎사귀와 빈랑(떫은 맛의 나무 열매)을 하사하고, 학생들의 생활관에 머물도록 명령했다. 이곳에서 3일을 묵었는데, 매일 세 끼 식사를 보내 주었다. 이것이 그들의 관습이었다. 주식은 버터에 볶은 쌀밥으로 큰 나무쟁반에 담는다. 밥 위엔 쿠샨, 즉 닭고기와 기타 육류, 물고기와 채소 등으로 만든 혼성 반찬을 얹는다. 그리고 다른 한 그릇에는 덜 익은 바나나를 갓 짜낸 젖에 섞어 놓고, 다른 한 그릇에는 발효된 젖을 담는데, 그 위에 절인 레몬과 절여서 시큼짭짤해진 후추 송이, 그리고 푸른 생강과 망고를 얹는다. 이곳 망고는 사과와 비슷하나 씨가 있다. 익으면 맛이 좋아 과실로 먹으며, 익기 전에는 레몬처럼 시큼하여 식초에 절인다. 그들은 밥을 한입 먹고는 꼭 이런 신 과실과 시큼하게 절인 채소를 곁들인다. 마크다슈 사람들은 어찌나 많이 먹는지 한 사람이 먹는 양이 보통 일반인들 몇 사람이 먹는 양과 맞먹었다. 그러다 보니 몸집이 크고 비대하다.

마크다슈에서 묵던 넷째 날이 되어서야 나는 비로소 술탄을 만날 수 있었다. 마침 금요일이어서 대사원에 가 술탄의 전용실 뒤에서 예배를 드렸다. 술탄이 예배를 마치고 나오자 나는 법관과 함께 인사를 했다. 그는 "잘 오셨습니다. 오셔서 우리 고장을 빛내시고 우리를 기쁘게 해 주셨습니다"라고 말했다.

다시 우리는 마크다슈에서 배를 타고 남쪽으로 해안을 따라 나아갔다. 목적지는 흑인들의 땅인 쿨와. 쿨와로 가는 길에 잠시 만바사(오늘날 케냐의 뭄바사 항구 앞의 큰 섬)라는 섬에 착륙했다. 만바사에서 뭍까지는 이틀을 항해해야 하는 거리다. 만바사에는 평지가 없어서 섬 사람들은 농사를 짓지 않고 농산물은 뭍에서 날라 온다. 주식으로는 바나나와 생선을 먹는다. 이들은 샤피이야파에 속하며 신앙심이 돈독하다. 사원은 목조건물로 사원의 모든 문에는 얕은 우물이 있어 사원에 들어가는 사람은 발을 씻고 들어간다. 우리 일행도 이 섬에서 하루를 묵었다.

나는 계속해서 배를 타고 가 쿨와(오늘날 탄자니아의 다르에스살람)에 도착했다. 쿨와는 큰 해안 도시이며, 건물들은 모두 디스라는 수초로 지붕을 엮은 목조로 되어 있다. 주민 대부분은 진짜 검은 흑인들이다. 그들의 얼굴에는 줄무늬 문신이 새겨져 있다. 일부 주민들은 샤피이야파 무슬림으로 흑인 이교도와 섞여 살아야 하는 만큼 모두 이슬람을 지키는 무자히드(성전자)이다. 무자히드는 비이슬람 세계에서 이슬람 세계의 확대·방어를 위해 분투하는 사람을 말한다. 그래서 그들의 신앙심은 돈독하고 청렴하다.

다르에스살람 항구.

내가 쿨와에 갔을 때 술탄은 아부 무즈피르 하산이었다. 그는 사람들에게 은혜를 베풀어 무엇인가를 나눠 주길 좋아하기 때문에 혜시지부(惠施之父)라고도 불렀다. 그래서 이라크와 히자즈 등지에서 수많은 성예(귀족, 전지자 무함마드의 후예)들이 그에게 오려고 한다. 이 술탄은 매우 겸손해서 빈민들과 한자리에서 식사를 하거나, 종교인들과 성예들을 존중한다. 한번은 예배를 마치고 돌아갈 때 헐벗은 빈민이 그가 입은 옷을 당장 벗어 달라고 재촉하자 바로 벗어 주기도 했다. 사람들은 이런 그의 겸허함과 인자함에 찬사를 아끼지 않았다.

그러나 그가 서거한 뒤 그의 아우가 집권했는데, 그는 형과 정반대의 인물이었다. 무엇인가를 요구하는 사람이 오면 "주기만 하던 사람이 이미 죽었을 뿐만 아니라, 누구에게 줄 만한 것을 뒷사람에게 남겨 놓지도 않았다"라고 하며 면박을 주었다. 찾아오는 사람이 여러 달 묵어도 쥐꼬리만큼 주는 게 고작이었다. 결국 그를 찾아오는 사람의 발길이 뚝 끊겨 버렸다.

쿨와에서 배를 타고 바다를 건너 도착한 곳은 인도양 해안에 있는 예멘의 최남단 도시 좌파룰 하부뒤(좌파르)였다. 이곳에서 인도로 말이 보내지곤 하는데, 순풍일 때도 인도까지 뱃길로 꼬박 한 달이 걸렸다. 내가 고향으로 돌아오는 길에도 인도의 칼리쿠트(중국 고서에는 고리로 표기됨)에서 좌파르까지 오는 데 순풍으로 밤낮없이 28일이나 걸렸다. 좌파르에서 아단까지는 사막 길로 한 달이 걸리고, 하드라마우트(예멘 중동부에 있는 도시)까지는 16일, 오만(페르시아 만 입구에 있는 아랍 인 거주 지역)까지는 20일 거리이다.

좌파르는 주변 마을도 행정구역도 없는 사막 속의 도시다. 시장은 도시의 하자르라는 어귀에 있는데, 과일과 생선들이 많이 거래되기 때문에 어지럽고 악취가 나며 파리가 들끓는다. 가장 흔한 생선은 정어리인데 매우 기름지다. 괴이한 것은 정어리가 가축이나 양의 사료로 쓰인다는 사실이다. 이러한 현상은 다른 곳에서는 좀처럼 볼 수가 없다. 장사꾼은 대부분 여자들인데, 그녀들은 검정 옷을 입고 있다. 이곳 사람들은 깊은 우물에서 물을 퍼내 옥수수 농사를 짓는다.

좌파르의 술탄은 성격이 포악하기로 유명하다. 사람들이 길을 방해하거나 길가에서 분쟁하는 것을 용서치 않아서, 누구든 그런 짓을 하면 가차 없이 몰매를 인긴다. 그래서 그가 외출한 다는 소리만 들어도 사람들은 길가에서 줄행랑을 친다.

그러나 현지인들은 겸손하고 예의 바르며 선량하고 외지인을 좋아한다. 그들은 면직 옷을 입는데, 천은 인도에서 가져온다. 바지 대신에 수건을 허리에 질끈 묶고 있다. 날씨가 몹시 덥기 때문에 사람들은 대부분 수건 하나는 허리에 묶고, 다른 하나는 어깨에 걸치고 다닌다. 그리고 하루에 몇 번씩 목욕을 한다. 사원이 많으며, 사원마다 씻을 수 있도록 여러 개의 욕실이 마련되어 있다. 하지만 남녀를 막론하고 많은 사람이 상피병(아열대 지방의 피부병)에 걸려 두 다리가 부어 있고, 남성들은 대개 습진에 시달리고 있다.

이곳에는 필발과 인도호두라는 야자가 있다. 인도호두는 대추야자나무와 비슷하지만 대추야자는 대추 열매를, 인도호두는 야자를 맺는다. 필발과 인도호두는 인도와 좌파르에만 있다.

필발은 포도나무처럼 가지를 땅에 심고 받침대를 세워 두어 뻗어 오르게 한다. 열매가 없고 잎만 쓴다. 잎은 수리딸기 잎과 비슷하고, 제일 좋은 것은 누런 잎인데, 매일 딴다. 인도 인들은 이 필발 잎을 귀히 여긴다. 필발 잎에 약간의 꽃잎을 덧놓은 다음 입에 넣고 빈랑과 함께 씹으면 입 안을 깨끗하게 하고 입 냄새를 제거하며 음식을 잘 삭인다고 해서 즐겨 먹기 때문이다. 또한 타액에서 오는 질병을 예방하고 입맛을 돋우기도 한다. 사람들은 밤에 잘 때 머리맡에 필발 잎을 놓고 자다가 잠에서 깨었을 때, 아니면 부인이나 여종이 깨우면 바로 필발 잎을 입에 넣는다고 한다. 입에서 나는 악취를 없애 주기 때문이다.

인도호두로 불리는 야자에는 인도에서 대대로 내려오는 전설이 있다. 야자의 특성은 몸을 튼튼하게 하고 살이 빨리 찌게 하며, 얼굴에 홍조를 띠게 한다. 진정제로 쓰이는 것 외에도 그 쓰임새는 다양하다. 예를 들면, 수액을 모아 잼을 만드는 것처럼 끓이면 당밀이 만들어지기도 하는데, 인도나 예멘, 중국의 상인들이 주로 이 당밀로 당과류를 제조한다. 또 야자에 구멍을 뚫어 쇠붙이로 그 속을 휘저으면 액즙이 흘러나오는데, 그 액즙을 물에 타면 흰 우윳빛으로 변한다. 그런데 그 맛이 꼭 우유 맛이라 사람들은 이것을 부식으로 먹는다. 또 껍질은 잘게 썬 다음 솥에 넣고 찌면 기름이 나온다. 이 기름은 등유로도 쓰고, 머리에도 바른다. 이렇게 야자는 쓰임새가 많다.

우리의 여정은 계속 이어졌다. 우리 일행은 좌파르에서 오만으로 가는 뱃길에 올랐다. 그리고 출항한 이튿날 하시크 항에 도착했다.

하시크 항에는 아랍 인들이 살고 있는데, 그들은 어업으로 생계를 유지한다. 그들이 잡는 물고기 중에는 상어를 닮은 루흠이라는 물고기가 있는데, 살은 잘게 썰어 말려서 먹고, 남은 물고기 뼈는 집을 짓는 데 사용했다. 집의 천장은 낙타 가죽을 얹어 만들었다.

호르무즈 섬.

　오만을 거쳐 호르무즈에 도착하기까지 우리는 배에서 지내면서 마른 대추야자와 물고기만으로 끼니를 해결했다. 바다에서 이둣 아드하(희생절)를 맞았던 날에는 새벽부터 해 질 때까지 폭풍이 불어와 자칫하면 고기밥이 될 뻔했다.

　호르무즈는 바다를 사이에 두고 섬과 해안 도시로 나뉜다. 섬에는 자룬이라는 도시가 있는데, 아름답고 시가도 꽤 번성하다. 인도에서 오는 선박의 정박지이며, 이곳에서 인도 화물이 이라크나 페르시아로 운반된다. 호르무즈 해안에 있는 도시는 일명 무그 아스탄이라고 한다. 이곳의 술탄은 쿠트붓 딘 타마흐탄 븐 투란 샤이다. 그는 현명하고 겸손하며 선량한 사람이다. 그러나 우리가 섬에 도착했을 때 그는 조카들과 벌이는 전쟁 준비에 여

호르무즈 해협.

넘이 없었다. 밤마다 싸움이 터지곤 해서 온 섬에 긴장이 감돌았다. 그래도 우리는 그곳에서 16일을 머물렀다.

호르무즈를 떠나 천신만고 끝에 시라프에 이르렀다. 시라프는 예멘과 페르시아 만과 연결된 인도해 연안에 있는 도시로, 거리는 시원하게 넓고 지세도 좋다. 집집마다 향기 그윽한 화원과 푸른 수목이 있다. 시민들은 산에서 솟아나는 샘물을 마신다. 그들은 대체로 페르시아의 귀족 출신인데, 아랍 인들도 일부 포함되어 있다.

아랍 인들은 물속에 들어가 진주를 캐낸다. 잠수부들은 잠깐만 잠수해도 얼굴에는 귀갑, 즉 거북이 등딱지를 쓰고, 코도 역시 귀갑으로 만든 가위 같은 것으로 꾹 집는다. 줄 한 끝은 허리에 묶고 잠수하는데, 물속에서 견디는 시간은 사람마다 다르다. 어떤 사람은 1시간이나 2시간을 견디지만 그렇지 못한 사람도 있다. 바다 밑바다 모래밭의 자길 사이에서 조개를 발견하면 손으로 뜯거나 미리 준비해 간 쇠붙이로 잘라 내어 목에 걸고 있는 가죽 주머니에 담는다. 더 이상 견디기 어려우면 허리에 묶은 줄을 흔들어 신호를 보낸다. 그러면 바닷가에서 줄의 다른 쪽을 잡고 있던 사람이 줄을 당겨 그를 배로 끌어올린다. 잠수부에게서 주머니를 넘겨받아 조개를 까고, 조개 속에 붙어 있는 살을 쇠붙이로 긁어내 햇빛만 쐬면 곧 굳어져 진주가 된다.

시라프와 바레인 사이에 있는 진주 채집장은 마치 큰 계곡 같은 고요한 만이다. 4~5월이 되면 잠수부들과 페르시아, 바레인 등지에서 상인들을 태운 배들이 넘쳐난다. 어렵게 채취한 진주 대부분은 상인들이 구입하고, 5분의 1가량은 술탄이 가져갔다.

나는 시라프를 떠나 바레인을 거쳐 하즈르에 도착했다. 하즈르는 경관이 수려하고 땅이 기름져 마른 대추야자가 많이 생산된다. "하즈르에 마른 대추야자를 가져오는 격," 즉 쓸데없는 일을 한다는 속담이 생길 정도다. 이곳에도 아랍 인들이 많이 사는데, 나는 이곳의 족장 투파일 븐 가님과 함께 다시 성지순례 길에 올라 1331년(이슬람력 732년) 메카에 도착했다. 그해에는 이집트의 술탄인 나시르 왕과 몇몇 아미르도 성지순례를 왔는데, 그것이 이집트 왕의 마지막 순례였다. 왕은 메카와 메디나 두 성지의 주민들과 방문자들에게 큰 재물을 베풀고 돌아갔다.

나는 순례가 끝나자 배를 타고 예멘을 거쳐 인도로 가려고 짓다에 갔다. 그러나 상황이 여의치 않아 할 수 없이 짓다에서 40일가량을 지체했다. 그때 쿠솨이르로 출발하는 배가 있어 사정을 알아보니 신통치 않아 합류하지 않았다. 그런데 그 배는 출항한 뒤 아비 무함마드 곶에서 침몰하여 승객들이 모두 익사하고 말았다.

결국 나는 짓다에서 쪽배를 타고 이집트의 아이자브로 향했다. 그러나 바람은 나를 이집트의 라어스 다와이르에 내려놓았다. 나는 하는 수 없이 부자 족들과 함께 육로를 택했다. 사막을 지나가는데 타조와 부자 족에 종속된 와바니 카힐 족 아랍 인들이 키우는 양들이 많이 보였다. 일행은 그들에게서 양고기를 구입해 식량으로 삼기도 했다.

라어스 다와이르에서 9일이나 걸려 비로소 아이자브에 도착했다. 아이자브에서 다시 아트와니로, 그리고 미스르까지 여정은 계속되었다.

나는 미스르에 도착하여 며칠 쉬다가 발비스 길을 따라 샴으로 갔다. 핫즈 압둘라 앗 타우자리가 길을 함께 떠났는데, 그는 인도를 떠날 때까지 수년간 나와 함께했다. 그러나 결국 그는 산다부르에서 사망했다.

다시 길을 떠나 도착한 곳은 지중해를 바라보고 있는 라지키야(오늘날 시리아의 항구도시 라타키야)이다.

경제·문화적으로 전성기에 이르렀던 동아프리카 지역

이븐 바투타가 돌아본 동아프리카 해안 지대는 14세기 이미 무슬림들이 공동체를 형성하고 있었다. 동부 수단, 에티오피아, 소말리아, 케냐를 포괄하는 동아프리카 시역의 이슬람은 북아프리카보다는 이집트와 아라비아 반도, 그리고 인도양 지역으로부터 더 많은 영향을 받았다.

641년 아스완 지역을 정복한 이슬람은 수세기에 걸쳐 아프리카 남쪽으로 진출했다. 9세기경 나일 강과 홍해 사이의 알라키에서 금광이 발견되자 이집트 인들이 몰려왔다. 그리고 9~10세기에 모가디슈, 마르카, 브라바와 같은 동아프리카 해안 북쪽 소말리아 지역에 최초의 무슬림 정착촌이 생겨났다. 12~13세기에는 아랍의 베두 인들이 남쪽으로 이주하면서 현지 유력 집안과 혼례가 이뤄지며, 자손들은 지방의 지도자 자리를 계승하게 되었다.

아랍 인의 진출에 이어 맘루크 왕조가 이집트를 통솔하면서 누비아(이집트 남부 나일 강 유역과 수단 북부)를 정복했고, 1317년 그리스도 교회를 마스지드(이슬람 사원)로 개조하면서 동부 수단의 대부분은 아랍 무슬림 부족장 수중으로 넘어갔다. 이들은 남쪽으로 계속 전진했다.

남쪽 해안은 11세기 말까지 무슬림 공동체가 생기지 않았다. 하지만 이후 교역이 급속히 늘어나면서 무슬림 공동체도 확산되었다. 12세기 잔지바르(아프리카 동쪽 탄자니아에 있는 섬)와 펨바가 중요한 무슬림 정착지가 되었다. 13세기에는 모가디슈와 쿨와 사이에 40개 가까운 무슬림 소도시가 형성되었는데, 이곳에서는 페르시아만은 물론 인도네시아, 중국 등과도 교역이 이뤄졌다. 1332년에 이븐 바투타가 이곳을 방문할 당시 이 지역은 경제·문화적으로 전성기에 이르러 있었다.

5

룸 지역을 돌아보다

소아시아(1331~1333)

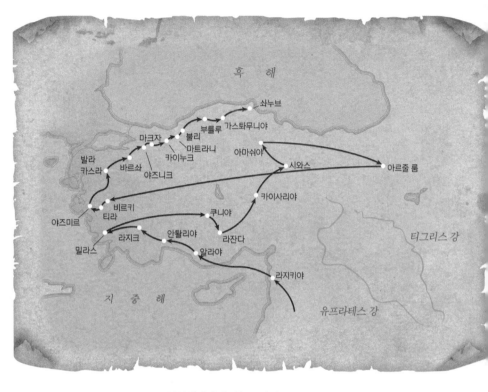

라지키야에서 쑈누브까지.

1331년(이슬람력 732년), 미스르를 떠나 라지키야에서 나는 쿠르 쿠라라는 큰 선박을 타고 룸 지역이라고 부르는 소아시아(오늘날 터키 지역에 해당하는 반도)로 들어갔다. 이곳을 룸 지역이라 부르는 것은 옛날에 이곳이 룸 인들의 영토였기 때문이다. 그러나 후일 여기는 고대 룸 인들에 이어 그리스 인들이 차지했고, 그다음에는 무슬림들이 점령했다. 지금은 많은 기독교인들이 투르크 무슬림의 보호를 받고 있다. 나는 기독교 선장의 우대로 승선료도 지불하지 않은 채 10일간의 순풍으로 편히 항해하며 룸 지역의 첫 관문인 알라야에 도착했다.

알라야는 투르크 인들이 주로 거주하지만 미스르와 알렉산드리아, 샴 등지의 상인들이 많이 오가는 해안가의 큰 도시다. 이곳에서 생산되는 목재는 알렉산드리아나 딤야트 등 이집트의 여러 곳으로 나간다. 룸 지역에서는 이곳이 가장 훌륭하다. 마치 알라께서 흩어졌던 모든 미물을 이 고장에 다시 모아 놓은 것 같다. 그러기에 사람들은 그토록 용모가 준수하고 의상이 정갈할 수가 없다. 음식도 진미 일품이며, 사람들의 심성 또한 후덕하다. 그리하여 "좋은 것들은 샴(시리아, 요르단, 레바논, 팔레스타인 지역)에서 인정은 룸에서"라는 말이 있나 보다. 이 말은 곧 이곳 사람들의 됨됨이를 말해 준다. 소아시아에서 내가 머무는 곳마다 남녀 불문하고 우리 일행을 잘 보살펴 주었다. 사람들이 그들의 곁을 떠날 때면 그들은 일가친척처럼 나그네들을 위해 기도해 주었다. 얼굴을 가리지 않는 풍습을 지닌 투르크 족 여성들은 석별의 아쉬움에 눈물까지 흘렸다.

그들은 1주일 치 빵을 한꺼번에 구워서는 1주일 내내 먹는 관습이 있었다. 빵을 굽는 날에는 남자들이 그날 구운 따끈따끈한 빵을 맛있는 반찬에 곁들여 선물로 우리 일행에게 가져오곤 했다. 그러면서 "아낙네들이 당신들에게로 보내는 것인데, 그녀들은 당신들의 기도를 바라고 있습니다"라고 한다.

알라야를 출발해서 다음 목적지인 안탈리야를 찾았다. 해안에 있는 작은 요새지만 견고하고 인구도 많은 도시다. 부지도 대단히 넓고 이 지역에서는 가장 아름다우며 건물도 많고 구획도 가장 잘 정리되어 있다. 주민들은 다른 파와는 구분을 짓고 사는 대신 같은 파끼리는 모여 산다. 기독교 상인들은 미나라는 구역에 살고 있는데, 담을 쳐 놓고 야간이나 금요일 예배 때는 문을 잠근다. 옛날 이곳 주민이었던 룸 인들 역시 다른 구역에 모여 사는데, 그들도 담을 쌓아 놓았다. 그런가 하면 유대 인들도 다른 구역에서 담을 쳐 놓고 따로 살고 있다. 국왕과 관헌들, 노복들은 벽으로 둘러싸인 구역에 살면서 위의 여러 파들과 또다시 구별해서 살았다. 기타 무슬림들은 시내에 살고 있는데, 대사원과 마드라사, 욕탕들뿐만 아니라 잘 만들어진 큰 시장도 몇 개 갖고 있다. 앞서 말한 여러 구역을 망라해서 시 주변은 큰 성벽으로 에워싸여 있다.

안딸리야에는 특이한 조직체가 있었다. 아히야라는 조직인데, 이 조직의 성원들은 룸이나 소아시아 지방의 도시나 마을 할 것 없이 방방곡곡에 산재해 있다. 이들은 이 세상 그 누구보다도 외부인에게 친절하다. 그들은 만나자마자 스스럼없이 음식을 제공하고 필요한 것을 해결해 주며, 불의에 맞서는 의협심도 강하다. 아히야 조직에는 직업인들이나 독신 청년들과 함께 소외된 사람들을 묶어 세우는 어른이 한 사람 있는데, 그들은 그를 두령으로 섬긴다.

그들은 자위야를 세우고 그곳에 필요한 시설이나 등불, 가구 등을 모두 갖춰 놓는다. 낮에는 생계를 위해 각자 일을 하다가도 신시예배 후에는 그날 번 것을 가지고 자위야로 돌아온다. 각자가 번 돈으로 자위야에서 필요한 과실이나 식료품을 구입하는 것이다. 그리고 언제든 손님이 오면 그들은 으레 손님을 자기들한테로 안내해서 떠날 때까지 대접한다. 찾는 사람이 없으면 저희들끼리 모여서 먹고 노래하고 춤추다가 새벽녘이 되면 각자가 다시 일터로 떠난다. 신시예배 후에 다시 각자가 번 것을 갖고 파트얀이라는 두령한테로 돌아온다. 여기에서의 두령이란 아히야의 두령을 말한다. 나는 이 세상에서 그들보다 더 아름다운 행동을 하는 사람들을 보지 못했다. 시라즈나 아스파한 사람들이 이들과 비슷한 선행을 하기는 하나, 오가는 사람들에 대한 이들의 대접이나 보살핌은 한결 더 지극하다.

안딸리야를 떠난 우리 일행은 리지그라는 도시에 도착했다. 일명 '둔 가즐라'라고 하는데, 이는 '돼지 고장'이라는 뜻이다. 대단히 우아하면서도 웅장한 도시로 금요예배를 보는 사원만도 일곱 군데나 된다. 수려한 화원과 넘쳐흐르는 하천, 용솟음치는 샘과 잘 가꾼 시장 등 모든 것이 두루 잘 갖춰져 있다. 이곳에서는 금박실을 섞은 면천을 짜 내는데, 이러한 천은 어디에도 그 유례가 없다. 워낙 솜이 좋고 방적술도 뛰어나기 때문에 천은 대단히 질기며, 이곳 이름을 딴 천으로 널리 알려져 있다. 직공의 대부분은 룸의 여성이다. 룸 인들 중에는 많은 사람이 종교적 보호를 받고 있는데, 그 대신 술탄에게 인두세 등을 납부한다. 룸 인들은 붉은색이나 흰색의 긴 모자를 쓰고 있으며, 여인들은 머리에 큼지막한 머릿수건을 얹는 게 특징이다.

우리 일행이 이 도시의 어느 시장 앞을 지날 때의 일이다. 점포에서 사람들이 쏟아져 나와 일행들이 탄 말고삐를 잡아챘다. 그러자 다른 사람들이 또 달려 나와 옥신각신하는데, 심지어 칼까지 뽑아든다. 그들이 뭐라 말하는지 통 알 수가 없었다. 우리는 그만 겁에 질렸다. 나는 그자들이 바로 강도질을 일삼는 자르미야 인들이고, 이 도시가 곧 그들의 도시라고 생각했다. 또 그들이 무언가 빼앗으려 하는 게 틀림없다고 단정했다. 그런데 마침 천만다행으로 아랍 어를 하는 사람이 나타났다. 그는 이슬람의 5대 종교 의무 중 하나인 성지순례를 수행한 사람인 핫즈였다. 여성이 성지순례를 마쳤으면 핫자로 불린다.

나는 핫즈에게 그들이 요구하는 것이 도대체 무엇이냐고 물었다. 그러자 그는 이렇게 대답했다.

"그들은 아히야 조직의 성원들입니다. 먼저 나온 사람들은 아히야 사난 조직의 성원들이고, 뒤에 나온 사람들은 아히야 투만 조직의 성원들입니다. 서로가 당신들을 모셔 가려고 그럽니다." 나는 그들의 너그러운 마음씨에 자못 탄복하지 않을 수 없었다. 나중에는 서로 제비뽑기를 하여 누구든 이기면 우선 그쪽에 가서 묵기로 했는데, 결과는 사난이 행운을 잡았다.

우리 일행은 다시 길을 떠나 밀라스에 도착했다. 밀라스는 룸 지방에서 아름답고 웅장하기로 소문난 도시의 하나로, 과일도 흔하고 화원이 많으며 물도 넉넉하다. 우리 일행은 한 아히야 조직 성원의 자위야에 머물렀다. 그들이 베푼 너그러움이나 환대, 목욕 초대 같은 여러 가지 아름다운 선행은 우리가 전에 같은 조직으로부터 받은 것의 몇 갑절이나 되었다.

밀라스에서 후하게 대접받은 뒤 그곳을 떠나 도착한 곳은 쿠니야다. 건물이 멋지고 물과 하천도 넉넉하며, 화원과 과인도 풍족한 곳이다. 이곳에서 생산되는 카마룻 딘이라는 살구는 이집트나 샴에 수출한다. 거리는 꽤 넓고 시장은 잘 정돈되어 있으며, 업종마다 따로따로 자리 잡고 있다.

쿠니야에는 '우리의 주공'이라고 알려진 청렴한 이맘이며 성덕군자인 샤이흐 잘랄룻 딘의 묘소가 있다. 그는 권위가 대단했던 사람으로, 룸에서도 그를 추종하는 사람들이 있을 정도였는데, 추종자들을 세칭 '잘랄리야파'라고 한다.

전하는 바에 따르면, 원래 샤이흐 잘랄룻 딘은 법학자이며 교사였는데, 쿠니야에 있는 그의 마드라사에는 그에게 배우고자 하는 사람들로 붐볐다. 그러던 어느 날, 마드라사에 단과자를 파는 행상이 들어왔다. 그는 머리에 단과자 함을 이고 당과 한 조각에 동전 한 닢씩 받고 팔았다. 그가 교실에 들르자 잘랄룻 딘은 "그 함을 이리 주게" 하며 그에게 말을 건넸다. 행상이 함에서 한 조각을 집어서 잘랄룻 딘에게 주자 잘랄룻 딘은 손으로 받아서 입에 넣었다. 하지만 행상은 잘랄룻 딘 외에는 누구에게도 주지 않고 휙 나가 버렸다. 그러자 잘랄룻 딘은 강의도 하지 않고 그를 따라 문을 나섰다. 학생들은 기다리고 또 기다려도 잘랄룻 딘이 나타나지 않아 그를 찾아 나섰지만 그의 행방은 오리무중이었다. 그러다가 몇 년 뒤에 잘랄룻 딘이 홀연히 돌아왔는데, 페르시아의 각운을 무시한, 알 수 없는 시만 중얼댔다고 한다. 그러나 학생들은 여전히 그를 따랐고, 사람들은 그가 말하는 시구들을 한데 엮어 『쌍행시』라는 시집을 출간했다. 쿠니야 사람들은 이 시집을 그의 훈계로 믿고 대단히 소중히 여기면서 매주 금요일 저녁이면 자위야에서 일제히 독송까지 한다.

이어 일행이 찾아간 곳은 라잔다(오늘날 카흐르만)이다. 이곳 역시 아름다운 도시로 물도 풍부하고 화원도 많다. 술탄은 바드룻딘 븐 카르만이다. 나는 시외에서 사냥 갔다 돌아오는 술탄과 마주쳤다. 내가 말에서 내리자 그도 따라 말에서 내렸다. 내가 인사를 하자 술탄은 내게로 다가왔다. 이곳 제왕들의 관행으로는 손님이 말에서 내리면 그들도 따라서 말에서 내려 손님의 행동을 칭찬하고 더욱 크게 환대한다. 만일 손님이 말에 탄 채 인사를 하면 이것은 그들을 업신여기는 것으로 여기고 불쾌해하며, 손님은 홀대를 당할 수도 있다. 예전에 그러한 경험을 한 일이 있었기에 나는 이번에는 그들의 관행을 따랐다. 내가 인사를 마치자 술탄은 다시 말에 올랐고 나도 말에 올랐다. 술탄은 우리의 근황과 어디에서 왔는지 등을 물었다. 그러고는 나와 함께 입성했다. 그는 나를 가장 좋은 곳에 묵도록 하고 은 쟁반에 많은 음식과 과일, 당과류를 담아서 보내왔다. 그뿐만 아니라 초와 의상 그리고 타고 갈 것까지 일일이 챙겨 주었다. 정말로 극진한 배려였다. 그러나 그곳에 오래 머물 수는 없었다.

이라크 왕이 통치하는 카이사리야와 시와스, 아마쉬야를 지나 아르줄 룸에 도착했다. 이곳은 부지는 넓지만 투르크 인 두 파 간의 분쟁으로 인해 대부분이 파괴되었다. 시내를 냇물 세

개가 가로지르며, 대부분 가정에서 각종 수목과 포도나무가 우거진 화원을 가꾸고 있다. 나는 고령의 투만(기병 1만 명을 거느리는 사령관)이 두령으로 있는 아히야 조직의 자위야에 머물렀다. 그의 나이는 130살이 넘었다고 한다. 그는 지팡이에 의지해 발걸음을 겨우 떼고 있지만 정신은 말짱했다. 제시간에 꼭꼭 예배를 드리며, 단식만 못 할 뿐 별다른 이상은 없다. 그는 친히 우리 일행에게 음식을 대접했으며 그의 아들들이 우리의 목욕 시중까지 들어 주었다. 그다음 날, 그와 작별하려고 하자 그는 퍽 아쉬워하면서 "자네들이 이렇게 떠나는 것은 곧 내 체면을 깎아내리는 일인 만큼 적어도 3일간은 나의 대접을 받아야 하네"라고 말했다. 그래서 우리는 그와 함께 사흘을 더 지냈다.

우리는 비르키와 티라를 거쳐 야즈미르(오늘날 터키 아즈미르)로 갔다. 해변가에 있는 큰 도시지만 대부분이 폐허로 변해 있었다. 내가 도착했을 때 이 도시의 아미르는 마침 자리에 없었다. 아미르는 내가 그곳에서 머문 지 닷새째 되는 날 돌아왔다. 그는 내가 머무는 자위야까지 친히 찾아와 인사를 하며 미안하다고 했다. 이어 우리 일행에게 극진한 환대를 베풀었는데, 룸 출신의 시종과 바그다드나 중국 등에서 생산되는 비단 천을 두 필이나 보내 주었다. 아미르에겐 그 시종 한 사람밖에 없는데도 그 시종을 보내 준 것이었다. 그만큼 야즈미르의 아미르는 너그럽고 청렴한 사람이었다.

우리 일행은 높고 험준한 산길을 걸어 발라 카스라를 거쳐

바르솨에 당도했다. 이곳은 훌륭한 시장과 넓은 거리가 있는 큰 도시로, 도시 전체가 화원과 샘에 에워싸여 있다. 시외에 하천이 하나 있는데, 뜨끈뜨끈한 하천의 물은 큰 저수지로 흘러들었다. 저수지 옆에는 각각 남녀 전용의 집 두 채가 있는데, 이 온천물로 치료를 하기 위해 찾아온 환자들이 머무는 곳이었다. 사람들은 멀리 변방의 끝에서도 이곳을 찾았다.

바르솨에서 아슈라 절을 맞았다. 아슈라 절은 이슬람력으로 1월 9일인데 두 가지 의미가 있다. 하나는 이슬람 이전의 선지자인 아담, 노아, 모세, 예수 등의 활동과 관계가 있어 축하할 만한 날이기도 하지만, 시아파 입장에서는 애도의 날로 시아파의 3대 이맘인 후사인이 피살된 날이어서 각종 추모행사를 벌인다.

우리는 바르솨를 떠나 야즈니크에 가기 위해 카를라라는 마을에 들렀다. 그곳 아히야 조직 두령의 자위야에서 하룻밤을 보낸 뒤 꼬박 하루를 걸었다. 하천 몇 개를 지났는데, 하천에는 멋진 석류나무와 레몬나무가 쭉 늘어서 있고, 야즈니크에서 약 13킬로미터 떨어진 곳에는 갈대숲이 우거진 호수가 있었다. 도시로 들어가는 길은 말 한 필이 겨우 다닐 만큼 다리같이 좁은 길 하나밖에 없고, 주위에는 호수들이 빙 둘러 있다. 그래서 사람들은 이 도시를 철옹성이라 부른다.

내가 야즈니크를 방문했을 때 시내는 거의 다 비다시피 하고, 얼마 안 되는 술탄의 시종들만이 살고 있었다. 술탄의 비(妃)인 바일룬 하툰이 그곳에 살면서 시종들을 관리했다. 시민들은 저마다 주택과 밭, 화원을 골고루 갖고 있으며, 마실 물은 인근 우물에서 퍼 온다. 이곳에는 없는 과일이 없다. 호두, 밤은 대단히 많고 값도 싸나. 이곳처럼 싱싱한 포도는 다른 곳에서는 본 적이 없다. 몹시 달고 알이 굵으며 색깔이 맑고 껍질이 얇다. 알 하나에 씨도 하나뿐이다. 우리 일행은 이 도시에서 40일이나 머물렀다. 말 한 필이 병이 났기 때문이었는데, 결국 병이 낫지 않아 일행은 병든 말을 버리고 길을 떠나야 했다

야즈니크를 떠나 도착한 곳은 마크자라는 마을이다. 우리는 한 법학자의 집에서 하룻밤을 보냈다. 다음 날 그에게 극진하게 대접받은 뒤 길을 나서는데 앞에 웬 투르크 여성이 하인과 함께 말을 타고 가고 있었다. 시종 한 명이 그녀에게 행선지를 물으니 얀자(오늘날 하르칼리)로 간다고 하여 우리 일행은 그 뒤를 바싹 쫓아갔다.

한참 만에 지옥이란 뜻을 지닌 사카리라는 큰 계곡에 이르렀다. 그녀는 계곡물을 건너기 시작했다. 강 한복판에 와서 물에 잠기게 되자 말은 그녀를 등에서 팽개쳐 버렸다. 하인이 그녀를 구출하려고 했으나 두 사람 다 물살에 휩쓸리고 말았다. 이때 이 광경을 지켜보던 몇몇 사람이 물에 뛰어들어 헤엄을 치면서 그녀를 간신히 구출했는데 목숨은 붙어 있었다. 그러나 하인은 끝내 익사하고 말았다. 그곳에서 좀 내려가면 나룻배가 있다고 알려주기에 우리 일행은 그곳으로 갔다. 나룻배라야 나무토막 네 개를 밧줄로 묶은 것이었다. 그 위에 안장과 짐을 싣고 사

람이 올라타면 강 건너편에서 뱃사람들이 줄로 끌어당겼다. 가축들은 헤엄쳐 건너게 했다. 우리 일행은 이런 식으로 겨우 강을 건너 카이누크에 도착했다.

이른 아침 우리 일행은 또 다른 도시로 출발했다. 카이누크의 아히야 조직에서 다른 기사 한 명을 보내와 우리를 마트라니까지 안내해 주었다. 그날따라 눈이 많이 내려서 길은 온통 눈으로 뒤덮였다. 기사가 선두에 서고 우리는 그 뒤를 따랐다. 정오에 투르크 인들이 사는 어느 마을에 도착했는데, 마을 사람들이 음식을 차려 와서 잘 먹었다. 기사가 그들에게 무어라고 말하더니 어느 한 사람이 우리 일행과 함께 길을 떠났다. 우리는 그를 따라 험산준령을 넘고 무려 30여 차례나 물을 건넜다. 이러한 험로에서 벗어나자 그는 "돈을 좀 주세요"라고 하는 것이 아닌가. 나는 "일단 도시까지만 가면 넉넉하게 주겠소"라고 응수했다. 그러나 그는 막무가내였다. 그는 말뜻을 이해 못 해서인지 한 친구의 활을 채 가지고 돌아갔다. 그렇지만 얼마 안 되어 되돌아와서 그 활을 돌려주었다. 하지만 내가 그에게 돈을 좀 쥐어 주었더니 그걸 받고는 이내 줄행랑쳐 버렸다.

우리는 어디로 가야 할지 막막하기 그지없었다. 길도 통 알수가 없었다. 할 수 없이 눈 속에 파묻힌 길을 하나하나 더듬어 갔다. 해 질 무렵에야 겨우 어느 산에 당도했다. 산에는 그나마 돌이 많아서 길이 어슴푸레 보였다. 그제야 일행은 가까스로 죽음을 면할 수 있었다. 그러나 보아 하니 밤새 눈이 또 내릴 것 같았다. 인가라곤 전혀 없는 그곳에서 사람들이 말에서 내린다면 틀림없이 얼어 죽을 것 같았다. 그렇다고 밤새워 걷는다 해도 도대체 사람들이 어디로 가고 있는지 헤아릴 수도 없었다. 그때 나에게는 준마 한 필이 있었다. 그놈에게 의지해 "내가 무사하기만 하면 동료들을 구출할 묘안도 생기련만" 하고 중얼거리며 탈출해 보려고 했다. 그리고 진짜 그렇게 했다. 나는 알라에게 일행들을 맡기고 홀로 걷기로 했다.

이곳 사람들은 묘 위에 나무로 집을 짓는다. 그래서 집인 줄 알고 가까이 가면 묘소인 경우가 대부분이다. 나도 이런 현상을 많이 목격했기에 저녁예배 후 도착한 어느 집이 '제발 사람이 사는 집이었으면' 하고 내심 속삭였다. 천만다행으로 그곳은 사람이 사는 집이었다. 나는 아랍 어로, 집 주인인 늙은이는 투르크 어로 말을 주고받으며 일행에게 닥친 상황을 설명했지만 그는 통 알아듣지 못했다. 다행히 그 집은 자위야여서, 다른 수행자들이 내 말을 알아들어 일행들을 구할 수 있었다. 그렇게 고비를 넘긴 뒤, 다음 날 이른 아침에 길을 떠나 우리는 마트라니에 도착했다.

마트라니에 닿은 때가 금요 집단예배 시간이라 우리는 한 자위야에 여장을 풀고 예배를 올렸다. 그런데 눈은 많이 내리고 날씨가 추운데 가축들을 매어 둘 외양간이 없었다. 마트라니의 집은 문이 좁아 집에 딸린 외양간이 없다는 것이다. 마침 아랍 어를 하는 이곳 출신 핫즈를 만나 장터의 우리에서 가축들을 보살필 수 있었다.

다시 길을 떠난 우리가 불리와 부를루를 거쳐 도착한 곳은 가스톼무니야다. 도시는 크고 아름다웠으며 자원도 풍부하고, 무엇보다도 물건 값이 쌌다. 살찐 양고기 한 덩어리를 은화 2디르함, 빵도 역시 2디르함어치를 사면 우리 10명이 하루 먹을 양이 될 정도였다. 그 어느 곳에서도 이처럼 물가가 싼 곳을 보지 못했다. 그래서 우리는 이곳에서 40일간 머물렀다.

이 도시를 떠나 룸 지역의 북쪽에 있는 쇠누브에 닿았다. 든든함과 아름다움을 겸비한 번화한 도시였다. 도시는 동쪽을 제

이븐 바투타가 방문할 당시 터키는 비잔티움 제국(동로마 제국) 시대였다. 비잔티움 제국은 1,000년을 넘게 존속한 군주제 국가이다. 한때는 지중해 세계를 통일하여 그 중심에 있었으며, 중동 지역까지 진출하기도 했다. 그러나 11세기 말 소아시아 대부분을 셀주크 투르크 족에게 잃었다가 12세기 다시 영토 일부분을 회복했다. 1204년 4차 십자군이 콘스탄티노플을 점령하면서 영토가 그리스 인과 라틴 인의 각축장이 된 뒤 비잔티움 제국은 결정적인 타격을 입으며 로마 가톨릭 지배하에 들어가게 된다. 1261년에는 비잔티움의 수도인 콘스탄티노플만 하나의 거대 성벽도시로 남는다. 그 뒤로 비잔티움 제국이던 소아시아는 13세기, 14세기에 걸쳐 몽골 족의 침입을 받았으며, 몽골 족의 침략이 누그러지자 오스만 투르크의 공격을 받았다. 결국 1453년에 오스만 제국에 넘어가면서 완전히 역사 속으로 사라진다. 이븐 바투타는 현재 터키 남부의 알라야를 통해 소아시아(오늘날 터키 지역)로 들어갔다.

외하고는 3면이 바다로 에워싸여 있었다. 동면에는 문이 하나밖에 없는데, 시장의 허가 없이는 얼씬도 못 한다. 시장은 가스퇴무니야의 숨탄 술라이만 바드 샤의 아들 이브라힘 베크다. 우리 일행은 입성 허가를 받고서야 시내에 들어갔다.

우리는 쇠누브에 머물면서 카람으로 가는 배를 기다렸다. 간신히 룸 인의 배 한 척을 빌렸으나, 순풍이 불기 11일이나 또 기다려야만 했다. 마침내 출항하고서 3일째 되는 날, 갑자기 광풍이 불어닥쳐 사태는 갈수록 험악해졌다. 죽음이 눈앞에 시시각각으로 다가왔다. 그때 나는 아부 바크르라는 마그리브 인 한 사람과 함께 선실에 있었는데, 그더러 배 위에 올라가 바다 형편을 보고 오라고 했다. 그는 올라갔다 오더니 "알라께서 당신을 보우할 테니 안녕히 가십시오"라고 마치 고별인사처럼 말을 던지는 것이 아닌가. 나는 생전 처음 느껴 보는 공포에 질렸다. 그 순간 바람은 방향을 바꿔 배를 원래 떠났던 쇠누브 부근으로 되돌려 놓았다.

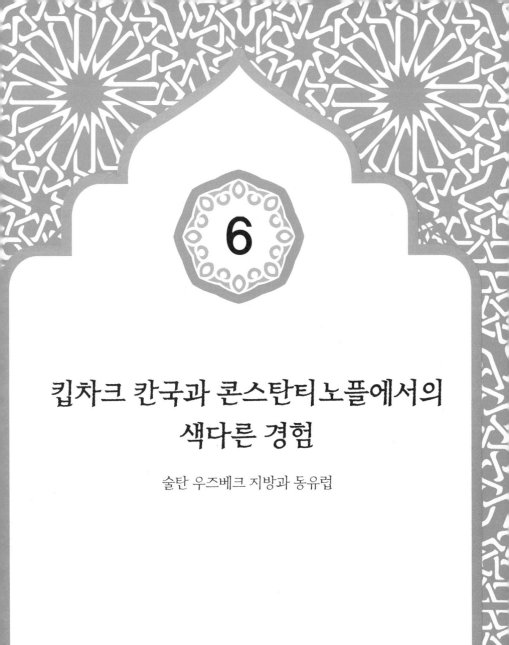

6

킵차크 칸국과 콘스탄티노플에서의
색다른 경험

술탄 우즈베크 지방과 동유럽

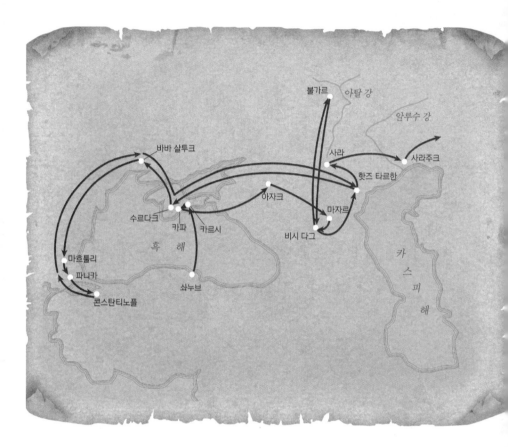

쇼누브에서 사라주크까지.

흑해의 바람이 잔잔해진 뒤 우리는 다시 출발했다. 한창 항해를 하는데 또다시 강풍이 불어왔지만, 이어 불어온 순풍을 타고 우리는 카르시에 입항하려고 했다. 그러나 산에 있는 사람들이 우리에게 들어오지 말라고 손짓을 했다. 우리는 하는 수 없이 배를 돌려 가까운 육지에 내렸다. 우리가 내린 곳은 다슈트 카프 자크라는 사막지대였다. '다슈트'는 투르크 어로 '사막'이라는 뜻이다. 이 사막은 나무도 산도 구릉도 건물도 땔나무도 하나 없는 그야말로 광막한 불모지다. 이곳 사람들은 동물의 배설물로 땔감을 만들어 쓰고 있다. 그 배설물을 '타자크'라고 하는데, 어른들이 주워서 옷섶에 싸 가지고 간다. 이 사막에서는 수레를 타야만 여행할 수 있다. 여정은 6개월이나 걸린다. 그중 3개월은 술탄 무함마드 우즈베크의 관할지를 여행하고, 나머지 3개

페오도시아(카를로 보슬리 그림, 1856년)(출처: 위키피디아).

월은 다른 사람의 관할지를 지난다.

　이곳에 도착한 다음 날 일행 중 한 상인이 사막에 사는 기독교인 카프자크 족에게 마차 한 대를 빌려와 나는 그 마차를 타고 카파(오늘날 우크라이나의 페오도시아)에 도착했다. 카파는 해안을 따라 길게 늘어선 도시로, 기독교인들이 살고 있었는데 그들 대부분은 제노바 인들이다. 우리는 무슬림의 사원에 기숙했다. 사원에 도착해 얼마 지나지 않아 사방에서 징소리가 들렸다. 한 번도 들어본 적이 없는 소리라서 은근히 겁부터 났다.

　나는 일행들에게 첨탑에 올라가 『꾸란』을 독송하고 알라를 염송하며 아잔(예배시간을 알리는 독송)을 하라고 했다. 그들은 내가 시키는 대로 했다. 그러자 갑자기 웬 사람이 갑옷을 입은 채

우크라이나에 있는 마드라사의 모습.

손에는 무기를 들고 달려와 일행에게 인사를 했다. 영문을 물어보니 그는 그곳 무슬림들의 법관이라고 했다. 그러면서 기독교 지역에서 『꾸란』 독송과 아잔 소리를 듣고 우리가 걱정되어 달려왔다고 했다. 그는 일행이 무사한 것을 보고서야 돌아갔다. 다음 날 그곳의 아미르가 찾아와 음식 대접을 하기에 일행은 한 끼 잘 얻어먹고 시내를 두루 돌아봤는데, 시장은 번화하지만 시민들은 모두가 이교도들이었다. 항구에 가 보니 크고 작은 군·민용 선박 200여 척이 정박하고 있었다. 생각과는 다르게 유명한 항구임에 틀림없었다.

일행은 카파에서 수레를 빌려 타고 사라를 향해 떠났다. 사라까지는 사막길이다. 투르크 인들에게 이 사막을 지나는 것은 순례자들이 히자즈 길을 답파하는 것과 같다고 생각한다. 새벽에 길을 떠나 해가 뜨면 휴식하고, 다시 오후에 길을 떠나 저녁 무렵이면 숙영한다. 일단 한 곳에 머물면 가축들은 수레에서 풀어 줘 제멋대로 풀을 뜯게 놓아둔다. 그 누구도 가축의 먹이를 주는 법은 없다. 특히 이 사막에선 보리 대신 목초가 가축의 먹이를 대신한다. 도둑에 대한 형벌이 엄격하다 보니 가축은 구태여 사람이 일일이 간수하며 방목하지 않아도 된다. 이들의 법에 말한 필을 훔친 것이 발각되면 그 말을 주인에게 돌려주는 것은 물론, 그와 똑같은 말 9필을 변상해야 한다. 그럴 능력이 없으면 자녀들을 대신 보내야 하며, 만일 자녀가 없으면 본인이 양처럼 도살된다.

사라로 가는 도중 무유스 강과 돈 강을 지나고 또 3일을 걸어서 아자크에 도착했다. 아자크는 해안가에 있는 도시다. 건물들이 화려하여 외지인들이 상거래를 위해 이곳에 모여든다. 아자크에서 흔하디흔한 것은 말이다. 여기의 말은 이집트에서 말하는 아카디시 종이다. 준마래야 고작 은화 50~60디르함이다. 우리나라의 금화로 환산하면 1디나르밖에 안 된다. 말은 이곳 사람들의 자산으로 마그리브 지역의 양보다 그 수효가 많다. 어떤 이는 말을 수천 필 소유하고 있다.

하찮은 말이라도 인도에서는 한 필에 100디나르에 팔린다. 마그리브 금화로 환산하면 25디나르다. 어떤 때는 그 갑절의 가격에 팔리기도 한다. 준마라면 한 필에 500디나르나 그 이상을 받는다. 인도 사람들은 전쟁 때에는 질주나 경마용으로 말을 구입하지 않는다. 그들이 바라는 것은 오로지 강력한 힘을 가진 말이다. 오히려 경마용 말은 예멘이나 오만, 페르시아에서 들여오는데, 한 필당 1,000~4,000디나르나 한다.

아자크에서 며칠을 머물다 우리는 마자르(오늘날 쿠마 강가의 부르고마드자흐리)에 도착했다. 소아시아의 도시치고는 대단히 크고 아름답다. 큰 강가에 있으며 화원이 많고 과실도 풍족하다. 우리는 청렴하고 독실하며 고령인 샤이흐 무함마드 알 바톼이히의 자위야에 투숙했다. 자위야에는 아랍과 페르시아, 소아시아, 룸에서 온 수행자 약 70명이 있었는데, 기혼자와 독신자들이 섞여 있다. 그들은 외부의 도움으로 생활해 나갔다. 이곳 사람들은 수행자들에 대해 호감을 갖고 있어 매일 밤 자위야에 말이나 소, 양을 끌고 온다. 술탄과 그의 부인들도 샤이흐를 찾아와 영복을 빌고 은덕을 베풀며 많은 금품을 내려 주기도 한다. 특히 여성들은 헌금을 많이 하고 여러 가지 선행을 한다.

우리는 마자르에서 금요예배를 드렸다. 그날 예배에는 아미르와 시내 고위 인사들이 참석했다. 예배가 끝나자 부하라의 법학자이며 고명한 훈계사인 앗줏 딘이 연단에 올라섰다. 그는 훈계와 함께 염송도 했다. 그러자 샤이흐 무함마드 알 바톼이히가 일어나서 "법학자인 훈계사께서 곧 길을 떠나려고 합니다. 우리가 긴 여행에 필요한 마른 물품들을 마련해 드려야 할 것입니다"라고 말하고 입었던 융모 외투를 벗으면서 "이것이 내가 그에게 드리는 것입니다"라고 말했다. 그러자 서로 앞다투어 어떤 사람은 옷을 벗고 어떤 사람은 말이나 은화를 내놓았다. 삽시간에 많은 물건들이 모아졌다.

이곳에서 나는 기이한 모습을 목격했다. 마자르 사람들은 여성들을 존대했는데, 여성의 지위가 남성보다 확실히 높았다. 내가 본 첫 아미르의 부인은 카람을 출발할 때 수레를 타고 갔다. 수레는 질 좋은 남색 융단으로 씌웠는데, 창구와 문은 열려 있다. 그 앞에는 예쁘장한 여종이 4명 앉아 있다. 그리고 그녀가 탄 수레 뒤로 여종들이 탄 수레 몇 대가 뒤따른다. 아미르 집에 가까워 오자 부인이 수레에서 내렸다. 그녀와 함께 여종 30여 명이 수레에서 내려 한결같이 그녀의 옷자락을 잡아 든다. 그런 채로 부인은 의젓하게 걸어가 아미르에게 도착하니 아미르는 자리에서 일어나서 그녀에게 인사를 하고 그의 옆에 앉힌다. 여종들이 마유주병을 들여오면 부인이 아미르 앞에 무릎을 꿇고 잔을 권하고 아미르는 이를 받아 마신다. 이어 아미르 형제에게도 잔을 권하고, 마지막엔 아미르가 부인에게 잔을 권한다. 그리고 음식이 들어온다. 식사 후 아미르가 의상을 선물하자 부인은 그제야 자리를 뜬다. 아미르 부인들의 행차는 대략 이런 식이다.

상인이나 서민 부인의 행차도 차이는 있으나 아미르의 부인처럼 여성을 우대하기는 마찬가지였다. 한번은 말 한 필이 끄는 마차를 탄 부인을 봤다. 그녀 앞에는 여종 3~4명이 앉아 그녀의 옷자락을 쳐들고 있었다. 그녀는 보석이 박힌 원추형 모자를 쓰고 있었는데, 모자 꼭대기에는 깃이 달려 있었다. 마차의 창은 열려 있었으며, 그녀는 얼굴을 드러내 놓고 있었다. 소아시아 여성들은 얼굴을 가리지 않는다. 간혹 남편이 부인을 따라올 때가 있는데, 그럴 때면 사람들은 남편을 부인의 심부름꾼으로 여기기 십상이다. 남편들이 입는 옷이라고는 고작 허름한 양가죽 옷이고, 머리에는 칼라라는 작은 모자를 올려놓고 있을 뿐이기 때문이다.

우리 일행은 마자르에서 여행 보따리를 단단히 차리고, 술탄의 행선지로 향했다. 목적지는 마자르에서 4일 거리에 있는 비시 다그라는 곳이다. '비시'는 다섯, '다그'는 산이란 뜻이다. 이 비시 다그에는 온천이 있는데, 그 물에 몸을 씻기만 하면 질병에 걸리지 않는다고 한다.

나는 술탄 일행이 있다는 행궁으로 나흘이나 찾아갔으나 술탄은 이미 떠나고 없었다. 하는 수 없이 술탄 일행이 출발지 어딘가에 있을 것이라 믿고 다시 돌아왔다. 술탄 일행을 '대오', 일명 '오르드'라고 하는데, 말이 '대오'지 주민의 대이동이다. 대오 중에는 사원도 있고 시장도 있다. 대오에서는 요리를 하는 연기가 하늘로 뭉게뭉게 피어오르기도 한다. 그들은 행진하면서 음식을 만들기 때문이다. 사람이 타고 가는 수레는 말들이 끌고 있다. 일단 숙영지에 도착하면 가벼운 가마를 수레에서 땅에 내려놓고 사원이나 점포들로 꾸며 놓아 금방 시장이나 사원이 된다.

이 지역 술탄의 이름은 무함마드 우즈베크 칸°(킵차크 칸국의 9대 술탄으로 1341년 서거)이다. '칸'이란 그들 말로 술탄이라는 뜻이다. 이 술탄이야말로 군주로서 세력이 막강하고 위세와 권위가 대단하며, 알라의 숙적인 대콘스탄티노플 인들을 제압하고, 그들과 성전을 벌이는 데에 전력을 다한 술탄이다. 무함마드 우즈베크 칸은 세계의 위대한 7대 성왕 중 한 명이다. 그 7대 성왕에는 나의 고향 마그리브의 주공 아부 사이드와 함께 이집트와 샴

이븐 바투타가 만나고자 했던 우즈베크 칸은 킵차크 칸국의 술탄이다. 킵차크 칸국은 몽골계 칸국 4개 중 하나로, 1227년 칭기즈칸이 죽은 뒤 칸의 맏아들 주치가 정복했던 카스피 해와 아랄 해 북방 영토를 호령했던 국가를 말한다.

국가로서 본격적으로 모습을 갖춘 것은 주치의 둘째 아들 바투에 의해서다. 그는 러시아와 유럽 각지를 정토한 뒤 남러시아의 초원 일대와 키르기스 초원에 킵차크 칸국을 세워 1대 킵차크 칸국의 칸이 된다. 킵차크 칸국의 번성기는 3대 베르케 칸에서 9대 우즈베크 칸(1313~1341)까지이다. 이븐 바투타가 킵차크 칸국을 방문했을 때 킵차크 칸국의 술탄은 킵차크 칸국 역사상 가장 위대했던 우즈베크 칸 시절로 국가 역시 가장 번성했다. 그는 이슬람을 국교로 채택하여 무슬림들을 환대했으며, 이집트, 시리아의 장인들을 불러들여 벽화, 모자이크 등 미술품 생산에 힘을 기울였고, 이집트의 맘루크 왕조 및 제노바 왕조 등과 폭넓게 교역했다. 그러나 1346년과 1347년에 전국을 휩쓴 흑사병과 우즈베크 칸 사후 그의 후계자가 살해당한 사건은 킵차크 칸국을 점차 쇠락의 길로 걷게 했다.

술탄, 이라크 술탄, 우즈베크 술탄, 투르키스탄과 마 와라앗 나흐르 지방(중앙아시아의 두 강 사이의 지역) 술탄, 인도 술탄, 중국 술탄 등이 있다.

술탄 무함마드 우즈베크가 행차하면 그와 함께 노예들과 정부 관헌들은 한 곳에 유숙하고, 왕비들은 저마다 따로 투숙한다. 술탄에게는 하툰(왕비)이 4명 있었다. 모든 하툰은 큰 바퀴가 있는 수레를 타고 다니는데, 가마에는 도금한 은박이나 상감한 목판으로 만든 돔이 있다. 수레를 끄는 말들도 금실로 수놓은 비단 천으로 단장한다.

술탄의 일거수일투족에는 정중한 예식이 따른다. 그는 금으로 만든 돔 아래의 용상에 앉는다. 금으로 화려하게 장식된 이 돔은 금박을 씌운 나무 기둥으로 지었다. 한가운데는 은박을 씌운 용상이 있다. 용상의 네 발은 순은으로 만들고, 그 발머리는 보석을 상감했다.

술탄이 용상에 앉으면 그 옆으로 나머지 하툰들이 차례로 앉는다. 용상 아래쪽으로는 자녀들이 앉는다. 술탄의 총애를 가장 많이 받는 하툰은 퇀이투글라로 그녀가 오면 술탄은 돔 문에서 영접하면서 인사를 한 다음 손을 잡고 용상에 오르도록 하고, 퇀이투글라가 앉아야 술탄도 자리에 앉았다. 세 번째 하툰은 대콘스탄티노플 왕인 술탄 타크푸르의 딸로 이름은 빌룬이다.

우리 일행이 인사할 때 빌룬 하툰은 다리에 은박을 씌운 침상에 앉아 있었다. 그녀는 우리 일행의 안부와 온 곳을 알아보고 나의 고향이 얼마나 먼지도 물었다. 그리고는 연민에 거위 눈물을 흘렸다. 그녀는 음식을 대접해 주면서 "우리를 잊지 말고 자주 찾아오세요. 필요한 것이 있으면 서슴지 말고 이야기하세요"라고 말하며 어진 마음씨를 그대로 내보였다. 나는 훗날이 하툰과 함께 콘스탄티노플로 간다.

일찍이 나는 불가르(카잔 남쪽 115킬로미터 지점)에 관해 들은 바가 있다. 그곳은 계절에 따라 밤과 낮의 길이가 변하고, 겨울이 따로 없고 여름에도 눈이 내릴 만큼 1년 내내 추운 고장이라고 한다. 그래서 그곳이 보고 싶어 불가르로 출발했다. 불가르와 술탄의 행궁 사이는 10일 거리다. 나는 술탄에게 안내할 사람을 보내 달라고 요청했다. 그러자 술탄이 한 사람을 보내와 그와 함께 그곳을 찾았다. 내가 찾아간 시기는 낮이 짧아지는 계절로 일행은 그곳에서 3일간 체류했다.

본래 나는 불가르에서 줄마 땅으로 들어가려고 했다. 두 곳 사이는 40일 거리다. 그러나 가는 데 어려움이 많고 가 봐야 별 소득이 없을 것 같아 결국 포기했다. 하지만 그곳에 대한 묘사가 눈앞에 그려진 듯 섬세하여 줄마 땅의 풍습을 짐작할 수 있다. 줄마는 황량한 황야로, 얼음으로 뒤덮여 있어 큰 개들이 끄는 눈썰매로만 갈 수 있다. 발이 넓적한 인간이나 집짐승은 도저히 딛고 설 수가 없다. 그 대신 날카로운 발톱을 가진 개 따위만이 얼음 위로 갈 수 있다. 상인들만 그곳에 들어가는데 한 사람이 1백 대가량의 썰매에 식품과 음료수, 땔나무까지 잔뜩 싣고 간다. 그곳에는 나무는 물론, 들이나 인가마저도 없다. 그곳의 유일한 안내자는 여러 번 드나든 개다. 그런 개의 값어치는 1천 디나르에 달한다. 썰매채를 개 한 마리의 목에 걸고 다른 개세 마리와 함께 끌게 한다. 이 안내견이 앞서면 그 뒤에 다른 개들이 썰매를 끌고 따라오는데, 안내견이 멈춰 서면 다른 개들도 선다. 주인은 안내견을 때리거나 욕하지 않는다. 음식이 오면 사람에 앞서 개들을 먼저 먹인다. 그렇지 않으면 안내견이 화가 나서 도망치기 때문에 결국 주인이 골탕 먹게 된다.

나는 술탄이 파견한 아미르와 함께 불가르에서 비시 다그에 있는 술탄의 행궁으로 돌아왔다.

비시 다그에서 명절을 지낸 뒤 우리 일행은 술탄의 행궁을 떠나 핫즈 타르한(오늘날 볼가 강변의 아스트라한)에 도착했다. '타르한'이란 현지어로 '세금 면제지'라는 뜻이다. 원래 시골이었던 그곳에 한 청렴한 투르크 인이 살았는데, 술탄이 그에게 세금 납부를 면제해 주었더니 시골이 금세 번성하여 도시가 된 것에서 그 이름이 비롯되었다고 한다.

우즈베크 술탄은 엄동설한이 닥쳐올 때까지 이곳에 머문다. 강과 지류들이 얼어붙으면 술탄은 주민들에게 수천, 수만 단의 짚을 가져오게 하여 얼어붙은 강 위에 깔도록 해서 강을 건넜다. 이곳에선 인도처럼 짚을 해롭다 하여 집짐승의 먹이로도 쓰지 않는다. 집짐승들은 기름진 땅 덕분에 늘 신선한 풀만 먹는다. 수레를 타고 아탈 강(볼가 강)과 그 지류를 건너려면 3일이나

볼고그라드의 볼가 강.

걸린다. 가끔 겨울철 말미에 행인들이 강을 건너다가 녹아 버린 강물에 빠져 목숨을 잃는 경우도 있다.

핫즈 타르한에 도착했을 때 임신 중이었던 술탄의 세 번째 부인이자 룸 왕의 딸인 하툰 빌룬이 술탄에게 친정 아버지를 찾아가 분만하겠으니 허락해 달라고 간청하고 있었다. 술탄은 쾌히 승낙했다. 그러면서 하툰은 대콘스탄티노플을 구경할 겸 나와 함께 동행할 것도 아울러 허락해 달라고 했다. 술탄은 처음에 내가 걱정되어 안 된다고 했다. 그러나 내가 "당신의 존엄과 가호를 믿고 가는 이상 아무것도 두렵지 않습니다"라고 말하자 술탄도 곧 허락했다.

10월 10일, 나는 하툰 빌룬과 함께 아니 그녀의 비호를 받으며 핫즈 타르한을 떠났다. 술탄과 왕후, 세자는 첫 번째 역참까지, 다른 하툰들은 두 번째 역참까지 일행을 전송하고 돌아갔다. 군사 5천 명은 하툰 빌룬을 끝까지 호위하기로 했다. 그 외 여자 시종 200명과 남자 시종과 노예들, 수레만도 400대에 수레를 끄는 말과 타는 말까지 모두 2천 필, 또한 소와 낙타 500두가 그녀의 행렬에 함께 했다. 하툰 빌룬은 이번 친정 방문의 목적이 분만이기 때문에 여자 시종들과 집물들은 술탄의 궁전에 모두 두고 떠났다.

하툰의 행렬은 아카크를 지나 10일 뒤에 수르다크에 이르렀다. 수르다크는 해안 도시로 항구가 대단히 크고 훌륭하다. 이 곳은 원래 룸 인과 투르크 인들의 분쟁 지역이었으나 오늘날은 투르크 인들이 지배하고 룸 인들 일부는 투르크 인의 보호하에 남아 있다.

하툰이 머무는 곳마다 환대의 표시로 말, 양, 소, 마유주, 소젖과 양젖 등이 보내져 왔다. 이 지역에서는 아침저녁으로 계속 길을 재촉했는데, 술탄의 모든 관할지역 변방까지 호송을 받았다. 이는 위험해서라기보다는 그녀를 존경한다는 표시였다.

긴 행진 끝에 투르크 인들의 가장 변방지인 바바 살투크(디나 바르 강가의 읍)라는 마을에 도착했다. 앞으로 룸 인들의 첫 관문에 이르려면 18일간 인가도 없는 황야를 걸어가야 한다. 그중 8일 동안 걸어야 할 곳에는 물이라곤 없기 때문에 바바 살투크에서 물통이나 물병에 물을 가득 채워 수레에 싣고 가야만 한다.

다행히 행렬이 황야에 들어섰을 때는 추운 계절이라 물이 많이 필요하지 않았다. 하툰의 행렬은 마을에서 황야를 돌파할 채비를 단단히 했다.

술탄과 작별한 날로부터 황야의 어귀에 이르기까지 꼭 29일이 걸렸다. 그중 닷새는 중간에서 휴식을 취했다. 11월 중순께 황야에 들어선 뒤 아침저녁으로 길을 재촉한 결과 18일 걸려서 황야를 벗어나 룸의 첫 관문인 마흐툴리에 도착했다. 룸 인들은 하툰이 친정 나들이를 한다는 것을 미리 알고 있어서 행렬이 성보에 도착하자 카팔리(투르크 어로 두목, 수령) 니쿨라 루미의 대군들과 아버지인 콘스탄티노플 왕의 가문에서 보낸 산파와 하툰들이 융숭히 영접했다. 룸의 첫 관문인 마흐툴리로부터 콘스탄티노플까지는 다시 22일을 더 가야 한다. 이 중 16일만 걸으면 항구에 도착하고, 그곳에서 또 6일을 더 걸으면 콘스탄티노플에 도착한다.

행렬이 이교도 지역에 들어선 이후 모든 환경은 바뀌었다. 그렇지만 하툰은 카팔리에게 나를 잘 돌봐 줄 것을 신신당부했다. 한번은 한 시종이 우리 일행이 예배하는 것을 보고 웃었다고 하여 카팔리가 웃은 사람을 때려 준 일도 있다.

하툰의 행렬은 마중 나온 사람들과 함께 콘스탄티노플°로 향하면서 콘스탄티노플 왕의 별궁이 있는 파니카에서 3일간 머물렀다. 하툰의 친동생이 무장한 기병 5천 명을 이끌고 별궁까지 찾아왔다. 왕자는 회색 말을 타고 흰옷에 보석을 박은 관을 썼다. 좌우에는 역시 흰옷을 입고 금으로 수놓은 양산을 든 왕자 5명이 서 있다. 앞에는 보병과 기병 각각 100명이 선도하는데, 군사들은 쇠로 된 비늘 모양의 갑옷을 입었다. 왕자들은 제법 기병다운 무장을 하고 있었다. 보석을 박은 투구에 갑옷을 입고 화살통을 차고 활과 도검도 지니고 있었다.

오.누이는 시내에서 1.6킬로미터쯤 떨어진 평원에서 만났다. 남동생이 손아래이므로 내려 걸어와 누나가 탄 말의 등자에 입을 맞추자 누나는 동생의 머리에 입을 맞추었다. 아미르들이나 왕자들도 말에서 내려 걸어와서 그녀가 탄 말의 등자에 입을 맞추었다. 하툰은 아우와 함께 그곳을 떠났다.

행렬은 다시 콘스탄티노플에서 16킬로미터 떨어진 곳에 머물렀다. 다음 날 시민들은 물론 남녀노소 할 것 없이 최상의 차림새를 하고, 타는 사람은 타고 걷는 사람은 걸어서 환영에 나섰다. 이른 새벽부터 군사들은 북을 치고 나팔을 불면서 행렬을 짓고 있었다. 술탄과 왕후 즉 하툰의 어머니와 정부 요인들, 그

이븐 바투타가 콘스탄티노플을 방문할 당시 비잔티움 제국을 지배하던 황제는 안드로니쿠스 3세(1297~1341)였다. 비잔티움 제국의 최후를 장식한 왕조로, 1261년 콘스탄티노폴리스를 되찾아 비잔티움을 복구시켰지만, 정쟁으로 제국의 쇠퇴를 부채질해 결국 오스만 제국에 의해 멸망하면서 사라지게 된다.

콘스탄티노플과 보스포루스 해협 전경(이반 아이바좁스키 그림, 1856년)(출처: 위키피디아).

리고 측근 신하들도 마중을 나왔다. 술탄이 도착하자 군사들이 밀려들고 함성이 더욱 커진다. 나는 그들 속을 비집고 들어갈 수가 없었다. 여러 가지가 걱정되어 할 수 없이 먼발치에서 하툰의 재물관리자와 함께 서 있었다. 전하는 바에 따르면, 하툰은 양친에게 가까워지자 곧 말에서 내려 걸어가서 그들 앞에서 땅에 입맞춤을 했으며, 그러고는 양친이 탄 말의 발굽에 역시 입술을 댔다고 한다. 고위 수행원들도 하툰과 똑같이 했다.

　행렬은 해가 기울어질 무렵에 대콘스탄티노플에 입성했다. 교회당에서 일제히 만종이 울려 종소리가 천지에 메아리쳤다. 하툰의 일행이 술탄 궁의 첫 문에 도착했을 때 그곳을 지키는 수위 100여 명이 "사라카누"라고 외쳤다. '사라카누'는 무슬림이라는 뜻이다. 수위들은 우리들을 들어가지 못하게 했다. 그러자 하툰의 수행원이 하툰에게 알려 술탄에게 사정을 이야기하자 술탄은 우리 일행이 들어가는 것을 허락했다. 술탄은 하툰의 집 가까이에 우리들의 거처를 마련해 주고 칙령을 내려 우리 일행이 가는 곳을 제한하거나 피해를 당하지 않도록 했다. 나는 그곳에서 3일을 보냈다. 그동안 술탄은 환대의 표시로 밀가루와 빵, 농산물, 고기, 과실, 그리고 은화와 가구 들을 보내왔다.

나흘째 되는 날 나는 드디어 술탄을 만날 수 있었다. 궁은 문마다 햇빛을 막는 막이 있고 무장한 수위대장이 서 있었다. 다섯 번째 문에 이르자 룸 청년 네 명이 내가 도검 따위를 갖고 있지는 않은지 몸수색을 했다.

잠시 뒤 나는 큰 돔으로 안내되어 갔다. 술탄은 용상에 앉아 있고, 하툰의 어머니인 왕후는 그 앞에 그리고 하툰과 그녀의 형제들이 용상 아래 앉아 있었다. 나는 술탄에게 다가가 인사를 했다. 술탄은 내게 앉으라고 했지만 나는 앉지 않았다. 술탄은 예루살렘과 성스러운 돌, 예수의 요람지, 바이트 라함, 할릴에 관해, 그리고 다마스쿠스, 이집트, 이라크, 룸 지방에 관해 세세히 물었다. 나는 내키는 대로 답했다. 술탄은 나의 대답이 퍽 마음에 들었는지 아들들에게 "이분을 안전하게 잘 접대하여라"라고 당부까지 했다. 그러고는 금의를 하사하고, 마구를 갖춘 말 한 필과 왕의 머리 위에 쓰고 다니는 보산도 보내왔다. 사실 보산은 안전의 표시였다.

오늘날 보스포루스 해협과 보스포루스 다리.

　나는 술탄에게 매일 시내를 돌아다니면서 여러 가지 기묘한
유적들을 관람한 뒤 고국에 돌아가서 본 대로 전할 수 있도록
도와 달라고 요청했다. 술탄은 곧바로 사람을 지정해 주었다.
이곳 관습으로, 왕으로부터 금의나 말을 하사받은 사람은 사람
들에게 그 사실을 알리기 위해 하사받은 말을 타고 나팔을 불고
북을 치면서 시가를 돌아다녀야 한다. 특히 술탄 우즈베크 치하
의 지역에서 온 투르크 인들은 선의로 이러한 일을 많이 한다.
그들은 나를 데리고 시가를 돌아다녔다. 덕분에 나는 콘스탄티
노플의 여러 곳을 둘러볼 수 있었다.
　콘스탄티노플은 대단히 큰 도시로서 두 부분으로 나뉘는데,
도시 가운데도 밀물과 썰물이 심한 강이 흐른다. 강 위에는 다

리 하나가 있었으나 이미 파괴되어 배를 타고 건너다닌다. 강 이름은 아브수미이다. 도시의 두 부분 중 한쪽을 아스탄불이라고 하는데, 강 동쪽에 있다. 여기에는 술탄과 정부 관헌들, 기타 서민들의 주택이 있다. 시장과 거리는 석판을 깔았고 널찍하며, 직종별로 구획되어 있어 서로가 뒤섞이지 않는다. 도시는 바다 쪽으로 15킬로미터쯤 뻗어 들어간 산기슭에 있다. 산꼭대기에는 작은 보루와 술탄의 궁전이 있다. 산에는 든든한 성벽이 둘러싸고 있어 바다로부터 그 누구도 잠입할 수 없다. 산속에는 촌락이 약 13개가 있다.

도시의 다른 한쪽은 갈라톼라고 하는데, 강 서쪽에 있다. 이쪽에는 유럽 인들만 산다. 유럽 인들이란 여러 인종인데, 그중에는 자누윤들, 베네치아 인들, 룸 인들, 프랑스 인들이 있다. 그들은 콘스탄티노플 왕의 치하에 있기는 하나 인종마다 그들이 원하는 사람을 수령으로 모시고 있다. 그러한 수령을 대사제라고 한다. 그들은 해마다 콘스탄티노플 왕에게 세공을 바치지만 때로는 왕에게 반기를 들어 전쟁을 일으키기도 한다. 그러면 교황이 나서서 화해시킨다.

항구는 어찌나 큰지 대형 선박만 해도 100척이나 있으며, 기타 소형 선박은 부지기수다. 이곳에 있는 시장들은 번화하지만 지저분하기 짝이 없으며, 더럽다.

콘스탄티노플에는 대성당이 있다. 안에 들어가 보지 못했기 때문에 외형만 이야기할 수밖에 없다. 현지인들은 성당을 아야

성 소피아 성당의 전경.

수피야라고 부른다. 룸 인들의 가장 큰 성당으로, 사방이 벽으로 둘러싸여 있어 마치 하나의 도시를 방불케 한다. 성당에는 문이 모두 13개가 있으며, 길이가 1.6킬로미터쯤 되는 정원이 있다. 정원에는 누구나 들어갈 수 있다. 나는 콘스탄티노플에 머무는 동안 술탄의 아버지와 함께 이곳을 찾기도 했다.

왕이나 정부 요인들 그리고 서민들까지도 아침마다 이 성당을 참배하는 것이 일종의 관행으로 되어 있다. 교황은 1년에 1번씩 이 성당을 찾는다. 교황이 시내에서 4일 거리에 있는 지점에 왔을 때 왕이 그곳까지 직접 출영하는데, 걸어서 그를 맞이

성 소피아 성당 내부의 모습.

한다. 교황이 입성할 때면 국왕은 그의 앞까지 걸어간다. 교황이 시내에 머무른 첫날부터 떠날 때까지 왕은 아침저녁으로 그에게 문안인사를 드린다.

콘스탄티노플에는 무슬림의 자위야와 비슷한 것으로 '마니스타르'가 있다. 마니스타르에는 성당이 하나씩 있고, 그곳의 수행자들의 옷과 생활비는 무료로 제공한다. 대체로 국왕들은 나이가 60살에서 70살이 되면 아들에게 양위하고, 저마다 따로따로 마니스타르를 세우고 거친 모직 옷을 입고 다니며 죽을 때까지 수도에 전념한다. 그들은 이러한 마니스타르 건립에 정성을 드리기 위해 대리석 재료를 쓰고 모자이크까지 한다. 콘스탄티노플에는 마니스타르가 많아서, 수도사와 수행자, 목사들은 물론 성당도 그 수를 헤아릴 수 없을 정도이다.

어느 날, 국왕이 시종으로 지명해 준 룸 인과 함께 말을 타고 가는데 수도사가 된 술탄의 아버지가 걸어가고 있었다. 그는 동물의 털로 된 옷을 걸치고 머리에는 펠트모를 쓰고 있었다. 흰 수염을 길게 드리우고 한 손에는 지팡이를 짚고 목에는 염주를 걸고 있는 모습이 어딘가 모르게 수행의 흔적이 역력했다.

룸 인과 내가 황급히 말에서 내려 인사를 건넸다. 그러자 술탄의 아버지는 "나는 예루살렘에 들어가 본 손과 현석전과 쿠야마라는 대성당, 그리고 바이트 라함을 밟아 본 발을 한번 잡아 보고 싶습니다"라고 하는 것이었다. 그러면서 자신의 손을 나의 발 위에 놓았다가는 그 손으로 얼굴을 문질렀다. 이교도인 내가 그런 곳에 들른 것을 그토록 존중해 준 것에 탄복하지 않을 수 없었다.

그는 나의 손을 잡고 함께 걸어가면서 예루살렘과 그곳에 있는 기독교도들에 대하여 이것저것 물었다. 어느새 그와 함께 위에서 말한 성당의 정원까지 들어왔다. 나는 성당 안을 보고 싶었으나 그는 성당에 들어가는 사람은 십자가에 경배를 표해야 하는데, 그것을 어길 수 없으니 허락할 수 없다고 했다. 하는 수 없이 나는 그와 작별했고, 그는 다시 홀로 성당에 들어갔다. 그 이후로 다시는 그를 만날 수 없었다.

나는 콘스탄티노플에서 한 달 엿새 동안 머문 뒤 하툰과 작별하고 그곳을 떠났다.

나와 일행은 수레를 맡겨 놓은 국경지대에 도착할 때까지 하툰이 임명한 수행자의 보호를 받았다. 그곳에서부터 다시 수레를 타고 광막한 황야에 들어섰다. 날씨가 점점 추워지자 나는 가죽 웃옷 세 벌에 바지 두 벌을 껴입었는데, 바지 하나는 속까지 넣은 것이었다. 발에는 털양말에 아마천을 댄 버선을 덧신고 그 위에 승냥이 가죽을 댄 말가죽 신을 신었다. 어찌나 추운지 화롯가에서 고양이 세수만 하는데도 물방울이 맺히기만 하면 즉시 얼어 버렸다. 얼어붙은 수염을 툭툭 털면 마냥 눈이 내리며, 흐르는 콧물은 콧수염에 얼어붙기가 일쑤였다. 나는 옷을 너무 많이 껴입은 탓에 홀로 말에 오를 수가 없어 동료들이 태워 주곤 했다.

마침내 우리는 술탄 우즈베크와 작별한 핫즈 타르한에 도착했다. 술탄은 이미 이곳을 떠나 왕궁으로 돌아간 뒤였다. 우리는 얼어붙은 아탈 강과 그 주변을 사흘 동안 지나갔다. 가다가 물이 부족하면 얼음을 깨서 덩어리째 솥에 넣어 녹인 다음 그 물을 마시기도 하고, 그 물로 밥을 짓기도 했다.

드디어 우리는 술탄 우즈베크의 거성 사라, 일명 사라베르케(오늘날 타사리프 근처)에 도착하여 술탄을 진현할 수 있었다. 그 자리에서 술탄은 내게 여행과 룸 왕 및 그의 거성에 관해 묻기에 자세히 설명했다. 그는 내게 생활비를 보태 주고 사라의 한쪽

끝자락에 거처까지 마련해 주었다.

나는 사라에 얼마 동안 머문 뒤 하와리즘으로 향했다. 왕도 사라와 하와리즘 사이에는 40일 여정의 사막이 가로놓여 있다. 이 사막에는 먹이로 사용할 만한 풀이 적기 때문에 말은 이용할 수가 없어서 낙타가 이끄는 수레로 갔다. 마침내 사라를 떠나 열흘 만에 사라주크에 도착했다. '주크'는 '작은'이라는 뜻으로 '사라주크'는 '작은 나라'라고 한다. 우리는 이 도시를 떠나 다시 30일을 강행군했다. 하루에 두 번씩, 아침과 황혼께 잠깐만 쉴 뿐 사람들은 가면서 수레 안에서 먹고 잤다. 내가 탄 수레에는 시중꾼이 셋 있었다. 통상 이 황막한 곳을 여행하는 사람들은 가는 길목에 푸른 풀이 적다 보니 갈 길을 서두르게 된다. 이 곳을 뚫고 가는 낙타는 나중에 지쳐서 대개 죽고 마는데, 간신히 살아남은 놈들은 이듬해에 살을 찌워 다시 써먹는다.

7

동서문화의 요충지를 지나다

중앙아시아

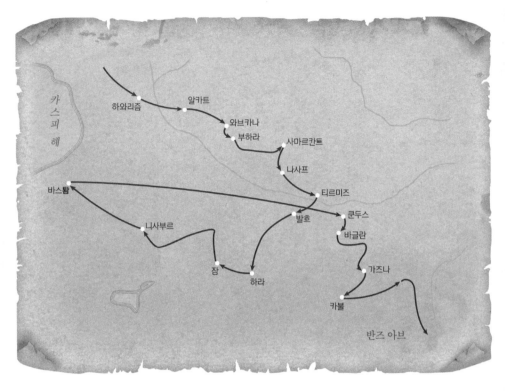

카스피해

하와리즘

알카트

와브카나

부하라

사마르칸트

나사프

티르미즈

바스탐

쿤두스

바글란

니사부르

발흐

가즈나

잠

하라

카불

반즈 아브

하와리즘에서 반즈 아브까지.

황막한 광야를 지나서 우리는 드디어 하와리즘°에 도착했다. 하와리즘은 중앙아시아 아무다리야('다리야'는 '강'이라는 뜻) 하류 유역을 통틀어 가리키는데, 소아시아에서 가장 크고 위대하고 웅장하고 아름다운 도시다. 주민이 얼마나 많은지 그야말로 사람들로 물결친다. 어느 날, 말을 타고 시장에 들어갔는데 어찌나 붐비는지 도저히 그곳을 빠져나올 수가 없었다. 돌아서려고 해도 사람이 하도 많아 돌아설 수도 없었다. 나는 한참 멍하니 서 있다가 간신히 돌아 나왔다. 이 시장은 금요일이면 덜 붐빈다고 누군가 내게 일러 주었다.

낙타를 빌리고 교자를 구입한 뒤 우리는 하와리즘을 떠났다. 교자 뒤로 시종이 탄 말이 뒤따랐다. 남은 말들은 날이 추워서 씌우개를 씌웠다. 우리는 하와리즘과 부하라 사이의 황야를 18

일 동안 걸어서 이동했다. 황야는 모래뿐이고 한 곳을 제외하고는 인가라곤 전혀 없었다.

먼저 4일을 걸어서 내가 도착한 곳은 알카트다. 이곳에서 머물다가 다시 '시바야'라고 부르는, 물 한 방울 없는 길을 따라 6일간이나 걸었다. 그리하여 이른 곳은 와브카나이다. 부하라에서 하루 거리인 이곳은 하천과 화원이 여럿 있는 아름다운 고장이다. 이곳에서는 알루라는 과일이 생산되는데, 이를 말려서 인도나 중국으로 수출하기도 하고 건과에 물을 넣어 우러나온 즙을 마시기도 한다. 싱싱할 때는 달고 푸른색이지만 일단 말리면 맛이 시큼하고 살이 많다. 안달루스나 마그리브, 샴 그 어디에서도 이런 과일은 본 적이 없다. 이곳 사람들은 또한 포도를 이듬해까지 저장하기도 한다. 여기서부터 우리는 화원 사이로 하천과 숲 그리고 즐비한 건물들을 지나 꼭 하루 만에 부하라에 이르렀다.

하와리즘은 동서 문명교류의 요충지로 페르시아 문화의 중심지 중 하나이다. 오늘날 카스피 해와 아랄 해 중간 지점으로 이곳은 8세기 말부터 이슬람화가 진행되어 이슬람 문화 중심지 중 한 곳이 되었으며, 11세기엔 셀주크 족의 지배를 받으면서 투르크화가 추진되었다. 1221년 몽골군에 점령된 뒤부터는 킵차크 칸국, 티무르조 우즈베크의 히바 칸국의 지배를 받았다. 그러나 이븐 바투타가 소아시아에서 가장 크고 아름답다고 극찬한 이 도시는 현재 흔적도 없이 사라졌다.

아무다리야.

부하라에서 청렴한 성군인 알라웃 딘 퇘르마쉬린이 있는 야차(왕이 교외로 나갈 때 임시로 머물기 위해 마련한 장소)로 향했다. 그는 사마르칸트와 발흐의 술탄으로 독실한 이슬람교 신자여서 이슬람 교법을 준수하고 통행세를 폐지했다. 술탄은 많은 군사를 소유하고 있고 영토가 광활하며, 국력도 막강하여 그 권세가 대단하다. 게다가 치세 또한 공정하여 세계 4대 영웅 반열에 끼어 있을 정도이다. 4대 영웅은 중국 왕과 인도 왕, 이라크와 우즈베크 왕이다. 이들 모두 그와 예물을 교환하고 그를 존경하며 존대한다.

야차에서 머물던 어느 날, 나는 여느 때와 마찬가지로 아침 예배를 보기 위해 사원으로 갔다. 내가 예배를 마칠 무렵, 웬 사람이 술탄이 지금 사원에 와 있다고 알려줬다. 나는 술탄이 예배를 마치고 일어섰을 때 다가가 인사했다. 법관이 나의 근황과 온 지 며칠 되었다는 것을 술탄에게 알려 주자 술탄은 "무고한지요? 당신의 왕림은 경사스러운 일입니다"라고 말했다. 그러고 나서 그는 응접실로 걸어갔다. 그런데 가는 길에 사람들이 너도나도 그에게 갖가지 소송을 제기했다. 그는 남녀노소할 것 없이 소송자 앞에서 꼭 멈춰 서서 그들의 이야기를 경청했다.

얼마 뒤 술탄은 사람을 보내 나를 불렀다. 술탄은 내게 메카와 메디나, 쿠드스에 관해, 또 할릴과 다마스쿠스, 이집트와 나쉬르 왕에 관해, 그리고 두 이라크와 그 왕들 그리고 페르시아 지역에 관해 두루 물었다. 이때 무앗진이 정오예배를 알리자 술탄은 바로 자리를 떴다. 나는 술탄과 함께 예배를 올릴 기회가 여러 번 있었는데, 그때는 정말로 살인적인 혹한기였지만 날씨에 상관없이 술탄은 새벽과 저녁 집단예배 참석을 거르는 법이 없었다.

나는 술탄이 솜을 넣어 누빈 면도포를 입고 있는 것을 자주 보았다. 도포는 낡을 대로 낡아 해지기까지 했다. 머리엔 1키라트(길이가 3센티미터 미만)가 될까 말까 한 모자를 쓰고 머릿수건은 두르지 않는다. 그 모습을 보고 어느 날 나는 술탄에게 이렇게 이야기했다.

"주공이시여, 당신이 입고 있는 도포가 도대체 무슨 꼴입니까?

부하라 알아크(아크 성).

참으로 말이 아닙니다. 제 옷가지 중 하나를 드렸으면 합니다."

그러자 술탄은 "젊은이, 이것은 내 도포가 아니라 딸 녀석의 것이라네. 그리고 나는 50년 전 이미 누구한테든 아무것도 받지 않기로 알라께 약속했네. 내가 일찍이 누구한테서 무엇을 하나라도 받았다면 자네 것도 흔쾌히 받았을 거네"라고 응수했다. 그는 이렇게 누구한테도 옷 한 벌은 물론 밥 한 끼도 받지 않는 청렴경건한 수행자였다.

내가 인도 땅에 도착한 2년 뒤 소식을 들으니, 술탄은 그 후 그의 사촌에 의해 폐위되었다고 한다. 이유인즉 틴키즈의 제반 법규°를 위반했다는 것인데, 틴키즈는 칭기즈칸으로 이슬람 제국을 무참히 파괴한 저주스러운 몽골인의 조상이다.

나는 그곳에서 54일간 머문 뒤 술탄과 작별하고 사마르칸트로 떠났다. 사마르칸트는 매우 크고 아름다운 도시다. 그곳에는 카샤린이라는 강이 있는데, 사람들은 이 강에서 수차로 화원에 물을 대고, 예배가 끝나면 강가에 나와 산책을 즐긴다. 또한 점포들도 있어 과일과 먹을거리를 판다. 원래 이곳에는 웅장한 궁전과 건물들이 있었으나 많이 파괴되어 남은 성문이나 성벽이 거의 없다. 사마르칸트 사람들은 마음씨가 착하고 외방인들에게도 친절하다. 이런 면에서 그들은 부하라 사람들보다 한결 낫다.

　사마르칸트를 출발해 나사프를 지나 티르미즈(오늘날 우즈베키스탄 최남단 수르한다리야 주의 주도 테르메스)에 도착했다. 이곳은 이맘 아부 이사 무함마드 븐 이사 이븐 수라 앗 티르미지의 고향이다. 도시가 큰 만큼 건물이 화려하고 시장들도 번화하며, 하천이 시내를 통과해서 흐르고 있다. 화원이 많고, 포도와 그 맛이 일품인 마르멜로(유럽 모과)도 있다. 육류나 젖류도 흔하다. 주민들은 목욕탕에서 다른 세발제 대신에 우유로 머리를 감는다.

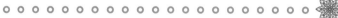

틴키즈 법규
'틴키즈'는 칭기즈칸을 이른다. 칭기즈칸은 주변국을 점령하면서 자신에게 협력할 경우 자치권을 인정하면서 동시에 여러 가지 혜택을 부여했다. 그러나 반항하면 그 지역 전체를 풀 한 포기 남기지 않고 모조리 황폐화시켰다. 칭기즈칸은 점령지에서 『야사크』라는 몽골 법전을 지키도록 했다.

사마르칸트 레기스탄 광장. 마드라사 세 개가 광장을 마주 보고 서 있다. 마드라사는 모두 이 븐 바투타가 다녀간 이후(15~17세기) 세워진 것들이다.

목욕탕 주인이 큰 그릇 여러 개에 우유를 가득 채워 놓으면, 사 람들은 작은 그릇에 우유를 담아 가지고 들어가서 머리를 감는 다. 그러면 머리카락이 부드러워지고 윤기가 돈다. 반면에 인도 사람들은 쉬리즈라는 참깨기름을 머리카락에 바른 뒤에 세발 제로 머리를 감는다. 그러면 피부가 부드러워지고 머리카락에 윤기가 돌며 머리카락이 빠지지도 않는다.

  나는 지훈 강(아무다리야)을 건너 후라산 지방으로 향했다. 티 르미즈를 떠나 계곡 하나를 지난 후 인적 하나 없는 모래뿐인 사막을 하루 반 동안 걸어서 발흐에 도착했다. 이 도시는 이미 황폐해져 인적이라곤 없지만 워낙 건물을 단단하게 지은 탓에 얼핏 보아서는 사람들이 사는 것처럼 보인다. 구색 맞게 잘 지은 건물들은 산뜻한 천청석(금속 스트론튬의 중요한 광석으로 산뜻한 청색을 띰) 색채로 칠해져 있다. 다들 천청석은 후라산(오늘날 아프가니스탄 힌두쿠시 산맥 이북 지방과 투르크메니아 공화국을 포함한 지역)에서 채석되는 것으로 알고 있는데, 사실은 바다흐샨(아프가니스탄 북동부, 파미르 고원을 동서로 관통하는 곳) 산에서 가져온다.

원래 도시는 웅장하고 넓었는데, 저주스러운 틴키즈가 이 도시를 몽땅 파괴했다. 그중에는 세상에서 가장 아름답고 큰 사원도 하나 있다. 틴키즈는 이 사원의 한 기둥 밑에 보물창고가 있다고 해서 사원의 3분의 1을 파헤쳤다.

우리 일행은 발흐를 지나 쿠 이스탄 산악지대를 7일간 걸었다. 이곳에는 그런대로 사람 사는 마을이 많이 있다. 도처에 물이 흐르고 무화과나무들이 무성하다. 그리고 오로지 지고한 알라를 위해 헌신하는 수행자들이 사는 자위야도 여러 개 있다.

다음으로 일행이 도착한 곳은 하라이다. 하라는 후라산에서 가장 큰 살아 있는 도시(파괴되었어도 다시 복구되어 계속 번영을 누리는 고도)였다. 후라산 지방에는 큰 도시가 4개 있는데, 그중 하라와 니사부르(이란의 후라산 주 서부에 있는 고도로, 도자기의 명소. 일찍부터 이슬람화되어 이슬람 문화의 중심지였으나 세 차례 지진과 몽골군의 파괴로 폐허가 됨)는 살아 있는 도시이고, 다른 두 도시는 피폐된 발흐와 마루(투르크메니스탄에 있는 중앙아시아에서 가장 오래된 도시 중 하나로, 기원전 1천 년 전부터 도시의 면모를 갖추고 있었음)다.

하라는 부패가 없는 고장이며, 이곳 주민들은 경건하고 정결하며 신앙심도 돈독하다. 이곳에는 니좌뭇 딘 마울라나라는 아주 청렴하고 금욕주의적인 사람이 살고 있는데, 그는 시민들이 잘못하지 않도록 주의시키고 그들을 깨우쳐 주는 역할을 했다. 하라 사람들은 그를 사랑하고 그의 말을 믿고 따르며, 그가 부정을 바로잡는 것에 반대하는 사람이 없었다.

하라 부근의 사막에는 투르크 인 5만여 명이 살고 있다. 투르크 인들은 용감해서 수시로 인도 지방에 쳐들어가서 사람을 잡아 오기도 하고 죽이기도 한다. 가끔 인도의 이교도들 속에서 사는 무슬림 여성들을 붙잡아 오기도 한다. 하지만 그녀들을 데리고 후라산으로 오기만 하면 하라의 니좌뭇 딘은 투르크 인들의 손에서 그녀들을 풀어주었다. 인도 지방에서 이교도 여성은 모두 귀고리 구멍을 뚫기 때문에 무슬림 여성이란 표시는 곧 귀고리 구멍이 없는 여성을 말한다.

투르크 인들은 자주 하라에 드나들다 보니 때로는 술을 마시게 되고, 개중에는 취한 자가 생기는데, 니좌뭇 딘은 술 취한 자를 보기만 하면 영락없이 처벌했다.

하라 인들은 설혹 그 사람이 왕이라 할지라도 부정을 범하면 가차 없이 바로잡아 주었다. 전하는 바에 따르면, 어느 날 후사인 왕궁에서 모종의 부정이 발생하자 그것을 바로잡아 주기 위해 궁전 문 밖에 6천 명이나 되는 사람들이 몰려들었다. 왕은 겁에 질려 궁 안에 숨었는데, 알고 보니 왕이 술을 마셨던 것이다. 결국 술을 마신 왕에게는 이슬람의 율법에 따라 궁내 근신 처벌, 즉 태형 80대가 내려졌다. 그것을 보고서야 사람들은 궁을 떠났다고 한다.

우리는 하라에서 잠을 거쳐서 니사부르에 도착했다. 니사부르는 과실이나 화원이 많고 물도 풍족하며 아름다워서 작은 다마스쿠스라고도 한다. 하천 4개가 도시를 가로질러 흐르고, 시장들은 모두 번화하고 넓으며, 시장 한가운데에는 아담한 사원이 하나 있다.

이 도시에는 이맘이고 학자이며 수행자들의 도사인 샤이흐 쿠트붓 딘 앗 니사부리의 자위야가 있다. 그는 경건한 학자이자 조언자이다. 나는 그의 집에 머물면서 극진한 환대를 받았고, 그의 신기한 영적 능력을 목격하기도 했다. 니사부르에서 산 투르크 인 시종을 보더니 샤이흐는 내게 "이 애는 당신에게 적합지 않으니 도로 팔아 버리시오"라고 조언했다. 나는 그 말에 따라 다음 날 한 상인에게 시종을 팔아넘겼다. 그 뒤 니사부르를 떠나 다음 마을인 바스탐에 도착했을 때 니사부르의 한 친구가 편지를 보내왔다. 편지에는 그 시종이 한 투르크 아이를 살해해서 처형되었다고 씌어 있었다. 이것이야말로 그 샤이흐의 뛰어난 영적인 능력이 아닐 수 없었다.

나는 니사부르에서 바스탐을 거쳐 힌드 하이르 대로를 따라 쿤두스와 바글란에 도착했다. 이 두 곳은 샤이흐와 수행자들이 기거하는 마을로 좋은 목장과 푸른 풀도 많고, 무엇보다도 엄한 법치 때문에 안전이 보장되었다. 그래서 우리는 쿤두스의 한 수행자 자위야에 머무르면서 마을 밖에 낙타와 말들을 방목하며 40일을 지냈다.

앞서 말했듯이 투르크 인들이 행하는 형법에 따르면 말 한 필을 훔쳤을 때는 비슷한 말 9필을 물어야 한다. 말이 없으면 자식 하나를 내놓아야 하고, 자식이 없으면 자신이 양처럼 도살된다. 이곳 사람들은 가축마다 다리에 식별 낙인을 찍고 몰이꾼 없이 자유롭게 방목한다. 우리도 방목을 하고 있었는데, 이곳에 머문 지 10일 만에 말들을 점검해 보니 세 마리가 없어졌다. 하지만 타타르 인들은 처벌이 두려웠는지 보름 뒤에 그 말 세 필을 고스란히 일행들이 있는 곳에 데려다 놓았다.

내가 쿤두스에 오랫동안 머물게 된 이유 중 또 하나는 눈 피해가 걱정스러워서였다. 우리가 가야 할 길에 힌두쿠시라는 산이 있는데, 힌두쿠시란 '인도인들을 죽이는 자'라는 뜻이다. 그 이름은 인도 지방에서 데려오는 노비들이 엄동설한에 이곳에서 많이 얼어 죽기 때문에 생긴 것인데, 이 산을 지나는 데는 꼭 하루가 걸린다. 그래서 우리는 산에 들어가기 위해 몸을 훈훈하게 덥힌 뒤 5경(새벽 3시에서 5시)에 들어가 한나절을 걸어 해가 질 무렵에서야 비로소 빠져나왔다. 산속에서 행여 낙타가 눈 속에 빠질세라 앞발에 두툼한 양탄자를 깔아 놓고 밟고 넘어가도록 했다.

우리는 산을 넘어서 안다르(오늘날 아프가니스탄의 안다라브)를 지나 반즈 히르라는 곳에 이르렀다. '반즈'는 다섯, '히르'는 산이

란 뜻이다. 그러니 반즈 히르는 다섯 개의 산이란 뜻이다. 그곳
에는 건물도 많은 아름다운 도시가 있는데, 바다흐샨 산에서 흘
러내리는 한 강가에 있었다. 강이 어찌나 크고 푸르던지 꼭 바
다 같았다. 하지만 이곳도 타타르 왕 틴키즈가 파괴했는데 아직
복구되지 않고 있다.

이어 우리들이 찾은 곳은 부샤이 산이었다. 여기에는 수행
자인 샤이흐 아톼 아울리야의 자위야가 있다. 아톼는 터키 어
로 '아버지', 아울리야는 아랍 어로 '현인들'이란 뜻이다. 그래
서 '아톼 아울리야'는 '현인들의 아버지'란 뜻이다. 그를 시솨드
솰라흐라고도 부른다. 페르시아 어로 '시솨드'는 '3백', '솰라흐'
는 '연'이란 의미를 지닌다. 현지 사람들이 말하기를 샤이흐의
나이가 350살이라고 한다. 샤이흐는 그곳 사람들로부터 높은 신
망을 얻고 있다. 그래서 도시는 물론 시골에서도 사람들은 그를
방문하고 술탄이나 하툰들도 찾아온다. 우리도 그의 환대를 받
고 강가에 있는 그의 자위야에 묵었다. 그를 찾아가 인사를 하
며 껴안는데 몸이 그렇게 유연할 수가 없다. 겉으로 봐서는 50
살밖에 안 된 것 같았다. 사람들이 그가 100살에 한 번씩 머리카
락과 이가 새로 난다고 하는 걸 보니 몸도 그렇게 되었는지도
모르겠다.

부샤이 산을 내려가 가즈나를 거쳐 카불에 도착했다. 예전에
는 큰 도시였으나 지금은 아프간이라는 한 외방 집단이 사는 마
을이다. 산세는 험하고 사람들은 용감하나 대부분은 강도질을

해 먹고 산다. 이곳에 있는 산을 '쿠 술라이만'이라고 한다. 전하는 바에 따르면 선지자 술라이만(솔로몬)이 이 산에 올라가 인도 땅을 굽어보니 온통 암흑천지인지라 그곳에 들어가지 않고 되돌아 왔다고 해서 붙여진 이름이라고 한다.

이어서 우리는 카르마에 도착했다. 두 산 사이에 있는 보루인데, 아프간 인들이 이곳에서 곧잘 강도질을 한다. 실제로 내가 이곳을 지날 때도 그들과 한바탕 접전이 벌어졌는데, 이쪽에서 활을 쏘아 대자 그냥 도망쳐 버렸다. 사실 우리 일행의 숫자는 얼마 안 되고, 그네들은 말만 해도 약 4천 필이나 가지고 있었지만 우리가 그들을 물리친 것이다. 이 싸움 때문에 내 낙타 몇 마리가 낙오되었지만 저녁녘이 되어서 모두 찾아 투르크 지방의 마지막 관문에 도착할 수 있었다.

그다음 우리 일행을 기다리는 것은 드넓고 탁 트인 황야였다. 황야는 우기가 지난 7월 초순 한 절기에만 드나들 수 있는데, 그 이유는 다른 시기에는 바로 인체를 썩게 할 만큼 치명적인 독풍이 불기 때문이다. 독풍은 사람이 죽기만 하면 사지가 곧바로 뿔뿔이 떨어져 나갈 정도로 지독하다. 호르무즈와 시라즈 사이에 있는 황야에서도 이런 독풍이 불었다. 그 당시 법관을 포함해 많은 동료들이 우리 일행에 앞서서 황야를 지나려 했으나, 끌고 가던 낙타와 말들이 많이 죽는 바람에 고생이 이만저만이 아니었다.

감사하게도 우리는 무사히 황야를 넘어 신드의 하천 고장인

반즈 아브(오늘날 펀자브 지방)에 안착했다. '반즈'는 '다섯', '아브'
는 '강'이라는 뜻으로, '반즈 아브'는 곧 '5개의 강'이라는 뜻이
다. 이 '오하(五河)'는 하나의 거대한 강으로 흘러가 그곳 땅에
물을 공급해 준다. 우리가 이 거대한 강에 도착한 것은 섣달이
지난 새해 734년(서기 1333년) 1월 초승달이 막 떠오르던 날 밤이
었다.

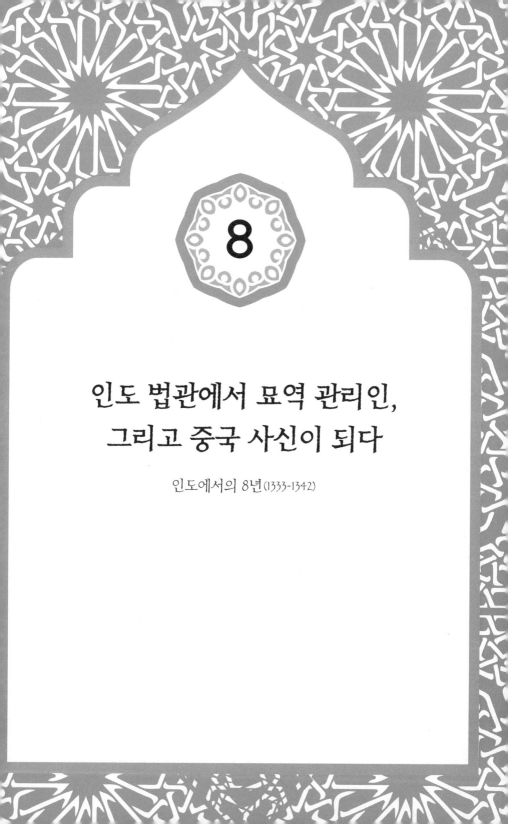

8

인도 법관에서 묘역 관리인, 그리고 중국 사신이 되다

인도에서의 8년(1333~1342)

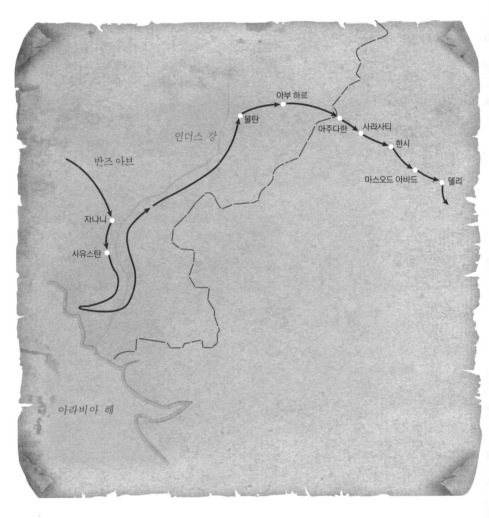

반즈 아브 지역에서 델리까지.

1333년(이슬람력 734년 1월)에 나는 '반즈 아브'라는 신드(파키스탄 남동부 인더스 강 하류 지역)의 한 강가에 닿았다. 이 강은 인도와 신드의 왕인 위대한 술탄 무함마드 샤[본명 무함마드 븐 투글루크(재위 1320~1351), 인도의 세 번째 이슬람 왕국인 투글루크 조의 창건자]의 나라로 들어가는 첫 관문이다. 반즈 아브는 세계에서 규모가 큰 강의 하나로 여름철에 홍수가 잦은데, 사람들은 마치 이집트 사람들이 나일 강 홍수를 이용하듯 이 강의 홍수를 이용해 경작을 한다.

내가 강에 이르자 도착 소식을 알릴 통신관들이 뛰어왔다. 신드에서 술탄이 있는 델리까지 15일 거리지만, 역체를 통하면 5일 걸린다. 인도의 역체제도(조선 시대의 역참과 비슷)는 두 종류다. 하나는 왈라크라는 마필 역체로서, 술탄의 전용 말을 이용하는

데, 약 6.5킬로미터마다 말을 교체한다. 다른 하나는 다와라는 행인 역체인데, 약 1.6킬로미터를 세 부분으로 나누어 약 500미터마다 역졸을 바꾸는 역체이다. 이런 행인 역체가 마필 역체보다 빠르다. 때론 이런 역체를 통해 진기한 과일 같은 것이 술탄에게 바로 전달되기도 한다.

우리가 반즈 아브를 건너자 갈대숲이 나타났다. 그때 갑자기 숲에서 코뿔소 한 마리가 무서운 기세로 뛰어나왔다. 모양새로 말하면 검은 색깔에 몸집이 우람한 짐승인데, 두상이 이만저만 크지 않다. 그래서 속담에 '코뿔소는 머리뿐, 몸뚱이는 없다'라는 말이 있나 보다. 코끼리보다 몸뚱이는 작지만, 머리는 몇 배나 크다. 두 눈 사이에 뿔이 하나 있는데, 길이는 약 3완척(1완척은 58센티미터)이고 너비는 1쉬브르(엄지손가락 끝과 새끼손가락 끝 사이의 거리이며, 약 22.5cm이다)쯤 된다. 그놈이 사람들을 덮치려고 하자 한 기사가 그놈의 앞길을 막아섰다. 그러자 코뿔소는 자기보다 키가 작은 말을 그대로 박아 버렸다. 말 뒷다리에 휑하니 구멍이 날 정도로 박아 버리니 말은 그만 땅에 푹 쓰러지고 만다. 그런 뒤 코뿔소는 숲속으로 돌아가 버렸다. 일행은 속수무책 보고만 있을 수밖에 없었다.

우리가 자나니를 지나 도착한 곳은 사유스탄°(오늘날 서파키스탄의 사흐완)이다. 큰 도시이긴 하지만 시외는 온통 사막과 모래뿐이고, 나무라고는 아라비아 고무나무뿐이며, 강가에 심은 것은 고작 수박이 전부다. 옥수수와 콩과에 속하는 이년초인 무슈나크를 식료품으로 하는데, 이것으로 빵도 만들어 먹는다. 이곳은 또한 생선과 물소 젖이 흔하고 도마뱀을 잡아먹기도 한다. 도마뱀의 크기는 마그리브[지중해에 접해 있는 북아프리카 지역 고대인의 소(小)아프리카] 사람들이 천당의 살무사라고 부르는 움무 하닌과 비슷한 작은 동물인데 꼬리가 없다. 나는 그들이 도마뱀을 먹는 것을 보고 역겨워서 아무것도 먹지 못했다.

우리는 사유스탄에 들어섰다. 인도의 더위는 정말로 대단해서 도시가 불타오르는 것 같았다. 너무나 더워서 일행은 발가벗고 앉아서 손수건 하나로는 허리를 가리고 물에 적신 다른 하나는 두 어깨에 얹어 더위를 식혔다. 얼마 지나지 않아 적신 수건이 마르면 다시 물에 적셔서 어깨에 얹었다.

내가 도착했을 때 사유스탄에선 술탄이 임명한 이교도 집정관 라탄과 이곳 부족인 사미라 족 간의 전투가 벌어졌다. 이교도 집정관을 인정하지 못한 데서 비롯된 이 전투는 결국 사미라

이븐 바투타가 여행할 당시 사유스탄은 1947년에 파키스탄이라는 나라 이름으로 독립하기 전까지 인도의 영토였다. 파키스탄은 종교적 이유로 독립을 했는데, 96%가 이슬람교를 믿고 힌두교를 믿는 사람은 1%에 불과하다. 독립 당시 인도에 남은 상당수의 이슬람교도가 파키스탄으로 이주하고, 힌두교도가 인도로 이동했다. 이븐 바투타가 다녔던 자나니에서 사유스탄, 물탄으로 이어진 길은 인더스 강 연안을 따라 북상하는 예부터 전해오던 실크로드 길이었다.

족의 패배로 끝났다. 전투가 끝난 뒤 패자들의 살가죽을 성벽에 걸어 놓아, 오가는 사람들의 모골을 오싹하게 했다.

사유스탄에서의 전투를 목격한 뒤 찾아간 곳은 물탄(오늘날 파키스탄 중동부, 펀자브 중남부의 고도. 펀자브 지방의 상업 중심지로 밀, 목화, 양모의 집산지로 알려짐)이다. 일행이 물탄으로 가는 길을 따라 16킬로미터를 가니 하스루 아바드라는 큰 강이 나타났는데, 이 강은 나룻배로만 건널 수 있었다. 나루터에서는 관리들이 강을 건너는 사람들의 짐을 샅샅이 뒤지고 검문도 한다. 일행이 강을 건너기 시작하자 관리들이 내 짐부터 검사를 하는데, 나는 탐탁지 않았다. 내 짐은 보기에는 컸지만 값진 것은 아무것도 없었다. 그렇지만 남들에게 내 짐을 열어 보이는 것이 언짢았다. 때마침 물탄의 아미르 쿠트불 물크가 파견한 한 장교가 와서 나는 일체 검문검색을 하지 못하도록 했다. 나는 알라께 감사드렸다. 그날 밤 우리는 강가에서 보냈다.

우리는 물탄에서 두 달을 보냈다. 그러던 어느 날 술탄의 의전관 한 사람이 경찰총장인 말리크 무함마드 알 하라위와 함께 물탄에 왔다. 티르미즈의 법관 후다완드 자다를 영접하기 위해 술탄이 파견한 것이다. 인도에서는 인도에서 자리를 잡고 살 사람 외에는 일체 입국을 불허한다는 칙령이 내려진 바 있다. 나는 이곳에 '훈드 알람(세계의 주인이라는 뜻)'을 위해 정착해서 봉사하러 왔다고 알려 주었다. '훈드 알람'이란 곧 술탄이란 말인데, 이 나라에선 그렇게 불렀다. 그들은 당장 법관과 공증인을 청하여 나뿐만이 아니라 정주를 원하는 동료들에게도 계약서를 쓰도록 했다. 그러나 일부 동료들은 거절했다.

물탄에서 인도의 왕도까지는 40일 여정의 길로, 가는 길엔 인가가 끊이지 않고 있다. 우리는 물탄을 떠나 인도 첫 도시인 아부 하르를 거쳐 하루 동안 사막을 걸었다. 사막 주변에는 인도 이교도들이 사는 험준한 산이 있는데, 그들은 가끔 강도질을 한다. 인도인들 대부분이 이교도이기는 하지만 그중에는 무슬림의 보호를 받는 사람들도 일부 있다. 농촌에 사는 그들에게는 무슬림 통치자가 한 명 있다. 이 통치자는 주지사나 그곳 영지의 주인이 추천한다. 무슬림들 중에도 산속에 숨어서 모반하거나 강도질하는 사람도 있다.

이른 아침 출발하는 다른 사람들과 달리 우리는 반나절이나 늦게 아부 하르를 떠났다. 일행 22명은 모두 말을 탔는데, 그중엔 아랍 인도 있고 외국인도 있었다. 그런데 일행이 사막에 이르렀을 때 난데없이 이교도 80명과 기병 2명이 우리에게 달려들었다. 나의 동료들은 모두가 용감무쌍하여 그들과 한판 격전을 벌였다. 일행은 기병 중 한 놈을 사살하고 그의 말을 빼앗았으며 이교도 약 12명을 죽였다. 나는 어쩌다 화살 한 발을 맞았지만 다행히 무사했다. 하지만 내가 탄 말에 화살이 꽂혀 결국 빼앗은 말로 바꿔탈 수밖에 없었다. 부상당한 내 말은 투르크 친구들이 먹어 버렸다. 도적들의 잘린 머리들은 아부 하르 성벽 위에 걸어 놓았다.

다시 길을 떠나 이틀 뒤엔 아주다한(오늘날 인도 서부의 아보다한)
에 이르렀다. 아주다한은 자그마한 도시로, 경건한 샤이흐 파리
둣 딘 알 바자와니의 영지다. 내가 알렉산드리아에 있을 때 샤
이흐 부르하눗 딘 알 아아라즈는 내가 앞으로 이 샤이흐를 만날
것이라고 예언했는데, 정말로 그를 만났다. 그는 인도 왕의 샤
이흐였고, 이 도시는 인도 왕이 그에게 채읍지[왕족, 공신, 대신들
에게 공로에 대한 보상으로 주는 영지(領地)]로 하사한 땅이었다. 그러
나 샤이흐는 지금 의심증에 걸려서 누구와도 악수를 안 하며 사
람에게 접근조차 하지 않는다. 그의 옷자락이 다른 사람의 옷에
닿기만 해도 옷을 벗어서 빨았다. 내가 그를 찾아가 샤이흐 부
르하눗 딘의 인사를 전하자 그는 놀라면서 그저 "황송합니다"
라고 한마디 할 뿐이었다.

　나는 이곳에서 인도 이교도의 특이한 풍습을 접했다. 이곳에
서는 남편이 죽으면 그 주검에 불을 지르고 미망인은 죽은 이와
함께 분신한다고 한다. 다만 남편 사후에 분신하는 것은 자의적
인 것이지 결코 의무적인 것은 아니었다. 그러나 분신을 하면
그녀의 가족은 영예를 얻고 수절자의 반열에 속하게 되고, 분신
을 안 한 미망인은 천박한 옷을 입고 친정에서 가엾게 수모를
받으며 평생을 살아야 한다. 그래도 분신을 강요하지는 않는다.
술탄 관할지역에서는 미망인이 분신하려면 술탄의 허락을 받
아야 했다.

　한번은 분신하는 모습을 곁에서 지켜볼 기회가 있었다. 미망

인은 분신하기 전 3일 동안은 종일 노래를 부르고 즐기며 먹고 마신다. 나흘째인 분신하는 날엔 향수를 뿌리며 얼굴과 몸을 화려하게 꾸민 뒤 브라만(인도 카스트 제도에서 가장 높은 지위인 승려 계급)에게 에워싸여 취타대 뒤를 따른다. 그들이 도착한 곳은 숲속에 있는 돔이다. 돔 앞에는 수조가 마련되어 있다. 미망인들은 수조에 몸을 담근 뒤, 바느질을 하지 않은 면으로 허리를 묶고 머리와 어깨를 덮는다.

수조 가까운 곳에선 장작이 타오르고, 사람들은 참깨 기름을 부어 불길을 더욱 타오르게 한다. 미망인의 공포를 덜어 주기 위해 몇몇 남자들이 큰 보자기로 불길을 감추는데, 미망인이 다가와 보자기를 낚아채고는 웃으며 "나는 저 불이 사람을 태워 죽인다는 것을 잘 알고 있어요"라고 말하고는 두 손을 머리 위에 모아 얹었다. 곧이어 불에 경의를 표하고선 분연히 불 속으로 뛰어들었다. 그러자 음악이 울려 퍼지고 남자들은 잘게 팬 나뭇가지들을 불 속에 집어 던졌다. 불 속에 들어간 그녀가 요동하지 못하게 다른 사람들은 연신 큰 나무를 그녀에게 집어 던졌다. 이 광경을 목격한 나는 하마터면 말에서 떨어질 뻔했다. 동료들이 물을 떠다가 내 얼굴을 적셔 주는 바람에 간신히 정신을 차리고 그 자리를 뜰 수 있었다.

그 밖에도 인도인들은 수장도 한다. 많은 사람이 순례를 하는 강인 칸크 강(오늘날 갠지스 강)에 몸을 던져 죽는다. 그들은 이 강이 낙원에서 발원한다고 믿는다. 그래서 투신하려는 사람은 자

갠지스 강가에 세워진 신상.

신이 투신하는 것은 결코 속세의 일을 위해서나 또는 재물 같은
것이 적기 때문이 아니라 쿠사이 곁으로 가기 위해서라고 한다.
'쿠사이'는 그들의 언어로 '지고지순한 알라의 이름'이다. 강에
뛰어들어 익사하면 시체를 꺼내서 화장한 뒤 재를 다시 강에 뿌
린다.

　나는 아주다한을 떠나 쌀이 많이 생산되는 사라사티를 거쳐,
아름답고 단아한 건물이 많은 한시와 마스오드 아바드를 지나,
인도의 수도 델리에 도착했다.

　인도의 델리는 웅장한 도시였다. 아름다움과 든든함을 겸비
하고 있으며 인도뿐만 아니라 동방 이슬람 세계 중에서도 가장
큰 도시로 부지가 넓고 건물도 많았다. 이곳의 성벽은 세상 어

디에도 유례가 없을 만큼 거대했다. 성벽에는 시내 쪽으로 빛이 들어가도록 아치형 구멍들이 뚫려 있으며, 성벽의 아래쪽은 벽돌로 위쪽은 석재로 만들어져 있다. 성벽의 너비는 11완척(약 5미터)으로 안쪽에는 야간 순시병과 수문장들이 사는 집이 있었다. 이뿐만 아니라 식품 저장고와 각종 장비, 쇠뇌, 화포 들이 있는 무기고도 있었다. 성 인은 끝에서 끝까지 기병과 보병들이 다닐 수 있도록 사통팔달로 연결되어 있다.

성문 밖으론 묘소들이 있고, 도시로 들어가는 성문은 모두 28개나 된다. 델리의 대사원은 부지가 넓고, 벽과 천장 바닥은 모두 잘 다듬은 흰 돌을 재료로 썼는데, 돌들은 납으로 아주 단단하게 때웠다. 나무는 그 어디에도 전혀 사용되지 않았다.

사원의 동문 쪽에는 큰 우상(불상을 말함) 두 구가 땅에 버려져 있었다. 원래 이 사원은 절터, 즉 우상들의 집이었지만, 이슬람군이 정복한 뒤 이슬람 사원으로 개조되었다. 사원 북면 정원엔 이슬람 국가에선 유례가 없는 첨탑이 하나 서 있다. 사원의 다른 부분에 쓴 돌은 모두가 흰색이었지만 이 탑만은 붉은색으로 지었다. 그러나 탑의 꼭대기는 흰색 대리석으로 되어 있다. 탑의 계단은 코끼리 한 마리가 오를 수 있을 정도로 넓다. 사람들은 이 탑을 지을 때 코끼리가 돌을 들고 꼭대기까지 올라가는 것을 목격했다고 전한다. 그러나 이 탑은 3분의 1밖에 짓지 못했다. 그래도 탑의 높이는 다른 모든 탑의 총 높이와 맞먹을 정도로 높았다. 직접 이 탑 위에 올라가 보니 시내의 집들이 대부분 시야에 들어오고, 정말 높았다. 우람하다고 하는 성벽도 발 아래에 있었으며, 탑 밑에 있는 사람들은 어린애처럼 왜소해 보였다.

내가 인도에 도착했을 때 인도의 술탄은 투글루크의 아들인 무함마드였다. 그의 인자함과 너그러움을 나는 직접 체험하고 목격할 수 있었다.

술탄 무함마드 앞에서는 졸지에 빈자가 부자가 되고 산 자가 죽어 나가는 이변이 숱하게 일어났다. 그는 범죄자를 가혹하게 처벌하기로 명성이 자자하지만 평소에는 용감하고 너그러운 사람으로 누구보다도 겸손하고 공정하며 진실을 추구했다. 무함마드는 종교적 의식을 꼭 지키는 사람으로서 예배에 관한 한 엄격했으며, 예배를 하지 않는 자는 엄벌에 처했다.

그는 행운이 늘 따르고 비범한 지혜를 지녔다는 점에선 여타의 왕들과 다를 바 없었다. 그러나 한 가지 뛰어난 점은 다른 왕들보다 너그러웠다는 것이다. 특히 외방인에게 너그럽게 대했는데, 실제로 그는 인도인보다 외방인을 더 좋아하고 우대했다. 또한 외방인을 '낯선 사람'이라고 부르지 않고 '친애하는 사람'이라고 불렀다. 그 이유를 술탄은 이렇게 말했다. "난생처음 오는 장소에서 자신을 낯선 사람이라고 부르면 그는 허전하고 기가 꺾일 것이 아닌가." 그의 배려를 엿볼 수 있는 말이었다.

델리°에서는 술탄궁을 '다르 사라'라고 한다. 궁에는 문이 여러 개가 있다. 첫 번째 문엔 병사 몇 명이 지키고 서 있고, 문밖에는 석대가 여러 개 있는데 거기엔 사형 집행인들이 기다리고 있다. 그들의 관행으로는 일단 술탄의 사형 명령이 떨어지면 알현전 문 앞에서 사형을 집행해서 시체를 3일간 그 자리에 방치한다. 병사들이 앉아 있는 두 번째 문을 지나 세 번째 문에 들어서면 크고 넓은 알현전으로 연결되어 있다. 세 번째 문엔 수문 등록관들이 앉아 있는데, 들어오는 사람의 수행원 수를 엄격히 규제한다. 등록관은 몇 시에 누가 들어갔는지 시간별로 기록하고, 그 기록은 마지막 저녁예배 후에 술탄이 검열한다. 관행상

14세기 델리 왕궁은 호화로움의 극치였다. 왕의 행렬에서부터 소소한 왕궁의 가구에 이르기까지 그 윤택함은 세계 어느 곳과 비교해도 손색이 없었다. 예를 들면, 명절날 전후로 벌어지는 왕궁의 풍습에서 화려함을 엿볼 수 있다. 명절 전날 밤이 되면 술탄은 모든 신하부터 노예들에게까지 금의(錦衣)를 하사한다. 그리고 당일 아침에는 모든 코끼리를 금은보석으로 치장한다. 특히 술탄의 전용 코끼리 16마리에는 보석을 박은 비단 천으로 만든 우산이 꽂혀 있는데, 우산대는 금으로 만든다. 또 코끼리마다 보석을 박은 비단 방석이 놓여 있다. 그중 한 마리를 술탄이 골라서 탄다. 명절날 궁전은 더욱 호화롭게 변모한다. 보석을 박은 금제 의자를 알현전 가운데 놓는 것은 물론이고, 순금으로 만든 향로를 세워 두는데, 금제 의자나 향로 모두 해체했다가 조립하는 것이 가능했다고 한다.

특히 술탄이 여행에서 돌아올 때가 되면 환영 인파가 인산인해를 이룬다. 그 이유인즉 코끼리 대열의 화포에서 환영 인파 쪽으로 금은전을 마구 쏘기 때문인데, 사람들은 그것을 줍느라 야단법석을 피운다. 이런 행렬이 싱의 입구에서부터 궁전까지 내내 이어지는 곳이 바로 인도였다.

델리의 자마 마스지드.

술탄이 지명한 사람이 아니면 이 문을 들어갈 수 없다.

또한 관례상 이유가 있건 없건 간에 3일 이상 궁전을 떠난 사
람은 술탄의 허락이 있어야 다시 들어올 수 있다. 병고 등의 이
유로 출근하지 못한다면 자기 분수에 맞게 선물을 골라 술탄에
게 바친 뒤에야 들어올 수 있다. 여행에서 돌아온 사람도 마찬
가지다.

세 번째 문은 하자르 아스툰이라는 웅장하고 넓은 알현전으
로 통한다. '하자르 아스툰'이란 '천 개의 기둥'이라는 뜻이다.
칠한 나무 기둥 위에 나무 천장을 얹었는데, 그 조각이 일품이
었다. 술탄은 이 알현전에 있었다.

술탄이 용상에 오를 때면 시위(곁에서 모시며 호위하는 사람)들과

감독관들은 큰소리로 "비스밀라"('알라의 이름'이라는 뜻)를 외친다. 이어 사람들이 다가와 인사를 한다. 법관과 설교사, 학자, 샤이흐, 술탄의 형제와 친지들이 먼저 인사를 하고, 그다음으로 외빈과 재상, 그 뒤로 군 요인들, 그 뒤로 노예들의 두령들, 마지막으로 군 장교들 순으로 인사를 한다. 인사는 한 사람씩 하는데, 붐비거나 밀치는 일이 없다. 명절날의 관행으로는 채읍을 받은 사람이 금화를 이름이 적힌 천에 싸서 알현전에 놓인 대야 속에 집어넣는다. 돈이 많이 모이면 술탄은 주고 싶은 사람들에게 나누어 준다. 사람들의 인사가 끝나면 신분에 따라 음식상이 차려진다.

우리는 왕도 델리에 들어서자마자 바로 술탄 궁으로 향했다. 일행이 첫 번째, 두 번째 문을 지나 세 번째 문에 이르자, 감독관이 있었다. 우리 일행이 그들 앞에 다가서니 총감이 우리를 크고 넓은 알현전으로 안내했다. 재상이 머리가 땅에 닿도록 허리를 굽혀 인사를 하고, 나도 보좌(임금이 앉는 자리)를 향해 손가락이 땅에 닿도록 허리를 굽혀 인사를 했다. 인사가 끝나자 감독들이 "비스밀라"라고 외쳤다.

인사를 하고 술탄 궁을 떠날 때 재상은 나와 함께 금문이라 불리는 편문(드나들기 편한 곳에 낸 문)으로 갔다. 금문에는 술탄의 어머니인 마흐두마 지한의 전각이 있었다. 전각에 있는 천막에 앉아 있으니 음식이 나왔다. 수윤이라는 솥 비슷한 금제 물병을 비롯해, 접시나 대야는 물론 음식을 담은 그릇들이 모두 금으로 만든 제품이다. 음식은 두 상에 차려졌는데, 상마다 두 줄씩 앉는다. 줄 첫머리에는 내빈 중 제일 큰 어른이 앉는다. 음식이 나오자 시위들과 감독들이 인사를 하기에 참석자들도 따라서 인사를 했다. 나오는 음료를 마시자 시위들이 "비스밀라"를 외쳤다. 그제야 일행은 식사를 했다. 식사를 하고 나니 음료와 필발이 나왔다. 또 "비스밀라"를 외쳤다.

이윽고 우리는 궁전 문에 안내되어 금실로 수놓은 비단옷과 비단, 아마, 솜으로 짠 피륙이 들어 있는 천궤를 하사받았다. 그 밖에도 금으로 만든 새 모양의 접시에는 말린 과일을, 다른 접시엔 감로수를, 그리고 또 다른 접시에는 필발을 담아 왔다. 그들의 관습으로는 이런 선물을 받으면 한 손으론 그것을 받아 어깨 위에 올려놓고 다른 손으론 땅을 짚으며 인사를 해야 한다. 재상은 친절한 마음으로 일행들 앞에서 몸소 가르쳐 주었다. 나를 비롯한 일행은 그가 하는 대로 따라했다.

행사가 끝난 뒤 우리는 델리에 마련된 우리 숙소로 돌아왔다. 숙소는 저택이었는데, 침대와 이부자리, 가구 등 필요한 것들이 모두 갖춰져 있었다. 인도의 침대는 가벼워서 한 사람이 거뜬히 가지고 다닐 수 있다. 인도 사람들은 여행할 때 반드시 침대를 갖고 가는데, 주로 남자 종이 머리에 이고 다닌다. 그 밖에도 밀가루와 고기를 주었는데, 밀가루 무게만큼 고기를 주는 것이 그들의 관행이다. 이 모든 것은 술탄의 어머니가 베푼 것이었다. 또한 우리 일행은 네 부류로 나뉘어 술탄으로부터 돈과 식품,

의복 등 엄청난 하사품을 받았다.

우리가 델리에 온 지 한 달 반쯤 지나 돌도 안 된 내 딸이 죽었다. 나는 그 애를 재상이 지은 자위야에 매장했다. 그들의 관습은 죽은 사람을 매장한 뒤 3일째 되는 날 아침에 묘를 찾아가 묘 주위에 비단천을 깔고 사철 내내 피는 재스민 같은 꽃들을 묘 위에 놓는 것이다. 그리고 과일이 달린 야자나무나 레몬나무 가지를 꽂아 놓는다. 만약 가지에 과일이 안 달렸으면 다른 나무에서 딴 열매를 가지에 실로 매어 쓴다. 또한 묘 위에는 말린 과일이나 야자도 뿌려 놓는다. 조객들은 모여서 '꾸란'을 독송한다. 독송이 끝나면 감로수를 가져다 마시고선 조객들에게 장미수를 뿌리고 필발을 나눠 준다. 그리고 나면 헤어진다.

딸을 땅에 묻은 지 사흘째 되는 날 아침, 나도 재상의 도움을 받아 그들의 관습대로 의식을 치렀다.

델리에 머무는 동안 술탄은 내게 연간 수입액 5만 디나르에 이르는 마을을 식읍(국가에서 공신에게 내리는 마을로, 조세를 개인이 받아 쓰게 한 고을)으로 책봉했다. 이는 바들리와 바스히, 그리고 발라라는 마을의 절반이었다. 때마침 이교도 포로들이 압송되어 와서 재상은 내게 여종 10명도 보냈다. 여자 포로는 문명의 혜택을 모르는 비천한 여인들이기 때문에 값이 싸다. 보모 포로들도 값이 싸다. 그래서 누구나가 손쉽게 포로들을 살 수 있다.

인도 지방은 이교도들이 무슬림들과 인접해 있었다. 무슬림들이 이교도들을 통제하고 있으나 이교도들은 심심산골에 들어가 숨어 살았다. 그런 곳에는 갈대숲이 많은데, 이교도들은 마치 성벽 같은 나무숲속에서 빗물을 모아 식수를 해결하며 가축을 키우고 농사도 지었다. 특수한 도구로 갈대를 자르며 헤치고 들어가는 강력한 군사가 아니고서는 그들을 도저히 상대할수 없었다.

1334년 6월 8일, 술탄은 수도에서 약 11킬로미터 떨어진 틸바트란 행궁으로 떠났다. 그때 재상이 우리에게 함께 출영하자고 해서 우리도 함께 떠났다. 사람마다 과일, 낙타, 말, 노예 등 나름의 예물을 들고 갔다. 우리가 궁전문 앞에 도착했을 때에는 이미 출영자들이 그곳에 모여 있었다. 출영자들은 신분에 따라 차례로 술탄께 진배하는데 술탄은 그들에게 금실로 수놓은 아마직 비단옷을 하사했다.

내 차례가 되어, 들어가 술탄에게 인사를 했다. 그러자 술탄은 내게 "알라의 이름으로, 우리의 주공 바드룻 딘이구만"이라고 말했다. 인도 땅에서는 나를 바드룻 딘이라고 불렀다. 그리고 학문을 닦는 사람을 '우리의 주공'이라고 칭한다. 내가 가까이 가자 술탄은 내 손을 꼭 잡은 채 훌륭한 말을 해 주었다. 그는 페르시아 어로 "좋은 일이 일어날 조짐이 뚜렷합니다. 당신의 왕림은 자못 경사스러운 일입니다. 나는 당신의 마음을 편하게 해 주기 위해 당신에게 자비와 은혜를 베풀고 보살펴 줄 것입니다. 당신네 나라 사람들이 이러한 이야기를 들으면 이곳을 찾아오지 않겠습니까?"라고 말했다. 그러고는 내가 어느 나라에서 왔는지 물었다. "마그리브에서 왔습니다"라고 대답하자 술탄은 "압둘 무어민의 나라이군요"(본명은 압둘 무어민 븐 알리로서 모로코와 튀니지, 알제리아 등 북아프리카 일원에 자리했던 무왓히두눌 무어미니야 국의 창건자)라고 말했다. 나는 그렇다고 말했다. 그가 좋은 말을 할 때마다 나는 그의 손에 대고 입을 맞췄다. 그러다 보니 모두 일곱 번이나 술탄의 손에 입을 맞춰야 했다. 나는 그가 하사한 비단옷을 들고 곧 자리를 떴다.

술탄이 귀경한 다음 날은 마침 금요일이어서 우리는 알현전 문 앞으로 갔다. 의전관이 나와 관청의 서기관에게 일행의 이름을 등록한 뒤에야 우리 일행은 입궁을 허락받았다. 나 이외에 8명이 입궁을 허락받고 궁 안으로 들어갔더니 궁의 관리들이 전대(돈이나 물건을 넣어 몸에 지니고 다니는 자루)와 저울을 갖고 왔다. 수석 법관과 사사(司事)들이 앉아서 문 앞에 있는 '가장 친한 사람들', 즉 외방인인 우리를 불러들여 한 사람씩 전대를 나눠 줬다. 내가 받은 것은 5천 디나르였다.

그 뒤 술탄은 우리 일행을 자신의 식사 자리에 초대했다. 그는 나에게 친절한 말투로 이것저것 물어보았다. 어느 날, 술탄은 우리 일행에게 "당신들의 왕림은 우리들에게는 크나큰 영광입니다. 무엇으로도 보답할 길이 없습니다. 당신들 중 연장자는 저의 부친과 같고, 장년은 저희 형제와 같고, 연소자는 저의 자식과 같습니다. 저의 자산 중에서는 이 도시가 가장 큰 몫입니다. 당신들에게 기꺼이 이 도시를 드리겠습니다"라고 말했다.

이에 우리 일행은 깊이 감사를 드리고 그를 위해 기도를 했다.

술탄은 또한 우리들의 봉급을 책정하도록 했다. 일행 중에서 재상이나 사사, 아미르나 법관, 교사나 샤이흐에 적격인 사람이 있으면 서임하겠다고도 했다. 하지만 우리는 모두 입을 다물고 아무 말도 안 했다. 다들 돈이나 좀 얻은 뒤 빨리 귀향하고 싶었기 때문이다.

잠시 뒤, 술탄의 시종이 아랍 어로 내게 "나의 주인이시여, 당신은 무엇을 원하십니까?"라고 물어 왔다. 아랍 인을 존경하는 표시로 그곳 사람들은 물론 술탄도 아랍 인을 '주인'이라고 높여 부른다.

나는 그에게 "재상이나 서기는 제 본업이 아닙니다. 법관이나 샤이흐직은 저와 제 선조들의 직업입니다. 아미르직에 관해서는 당신들도 아다시피 페르시아 인들은 아랍 인들의 칼날 앞에서만 순종하지 않았습니까"라고 대답했다. 술탄은 내가 한 말을 전해 듣고선 퍽 마음에 들어 했다.

술탄은 사람들을 불러 아미르를 비롯하여 통신시위(通信侍衛. 일종의 연락보좌 역할을 하는 사람) 등으로 임명하고 연봉과 농지, 말과 금의를 하사했다. 나는 델리 왕궁의 법관으로 임명되고 연봉은 1만 2천 디나르로 책정되었다. 또한 연봉과 같은 수익이 있는 농지를 식읍으로 책봉해 주었으며, 안장과 굴레를 갖춘 말한 필과 비단옷을 하사했다.

사실 나는 술탄을 만나기에 앞서 술탄에게 바칠 예물과 숙식

비 등을 상인에게서 빌려 썼다. 그런데 술탄이 연봉 지급을 자꾸 늦추는 바람에 상인들에게 빚 갚는 것도 늦어지고 말았다. 상인들은 내게 빚을 갚으라고 독촉해 왔다. 인도의 관행을 보면, 술탄이 관심을 가진 사람이 빚을 갚을 능력이 없을 경우엔 채권자가 술탄 궁 문 앞에 서 있다가 채무자가 궁 안으로 들어가려고 할 때 "술탄의 배신자여, 술탄의 머리 이름으로 맹세하나니 내 빚을 갚지 않고는 들어갈 수 없다"라고 엄포를 놓는다. 이쯤 되면 채무자는 즉석에서 빚을 물어 주거나 아니면 추후에 물어 주기로 약속해야 그 자리를 뜰 수 있는데, 이때 술탄은 자신이 은혜를 베푼 사람이 빚을 졌을 때 대신 빚을 갚아 준다고 한다. 나는 그런 관행을 듣고선 내가 빚을 진 사람들에게 "내가 술탄 궁을 찾을 때 나에게 빚을 어서 갚으라고 독촉해 주시오"라고 당부했다.

어느 날, 술탄이 선친의 묘소에 참배를 갔다가 그곳 행궁에 묵게 되었다. 나는 빚을 갚으라고 재촉하는 상인들에게 "이번이 기회입니다"라고 귀띔했다. 과연 내가 술탄 궁에 들어가려 하자 상인들은 나를 가로막으며 "술탄의 배신자여, 우리의 빚을 갚지 않고는 못 들어가오"라고 말했다. 그러자 수문사사(守門司事. 문을 지키는 관리)가 이 사연을 술탄에게 적어 보냈다. 이윽고 의전관이 술탄에게 이 사실을 알렸더니 술탄은 빚이 얼마나 되는지 그들에게 물어보라고 했다. 상인들은 5만 5천 디나르라고 알려 줬다. 이를 들은 술탄은 그들에게 가서 "세계의 주공이 그

대들에게 확언하거늘 돈은 나한테 있으니 그것으로 갚기로 하고 그에게 더 이상 빚 독촉을 하지 마시오"라고 말했다. 그 덕분에 나는 빚을 갚을 수 있었다.

한번은 술탄이 사냥을 떠나는데 갑자기 내가 동행하게 되었다. 술탄은 이집트의 나세르 왕에 관해 매우 궁금해하며 내게 "그는 낙타를 탑니까?"라고 물었다. 이에 나는 "예, 그렇습니다. 성지순례 시기엔 이집트에서 메카까지 열흘간이나 마하리 낙타(마하리는 아라비아 반도의 한 지방으로, 유명한 천리 낙타의 산지이다)를 타고 갑니다. 그러나 그쪽 낙타는 이곳 낙타와는 다릅니다"라고 대답했다. 그러고는 내가 그러한 낙타를 한 마리 가지고 있다고 말했다.

나는 사냥에서 돌아오자마자 이집트 아랍 인을 찾았다. 그는 나를 위해 마하리 낙타 위에 얹는 안장 도안을 역청으로 그려주었다. 내가 그것을 목수에게 보여 주자 목수는 아주 정교한 안장과 모전(짐승의 털로 짠 두툼하고 부드러운 요) 깔개를 만들었다. 나는 또한 화려한 낙타 씌우개와 비단 고삐를 장만했다. 그리고 함께 있던 예멘 사람은 대추야자 모양의 당과류를 만들었다. 나는 낙타와 함께 예멘 사람이 만든 당과류를 술탄에게 보냈다. 술탄은 낙타를 보고 만족해하며 200디나르와 비단옷을 하사했다.

인도에 머물던 어느 날 술탄은 반란자들을 정벌하기 위해 마아바르 지방으로 떠났다. 나는 빚을 깨끗이 청산한 터라 술탄과 함께 출정하려고 결심했다. 그런데 갑자기 술탄이 내게 남아서 술탄 쿠트붓 딘의 묘소를 관리하라고 명령했다. 술탄은 그의 묘역을 대단히 중시했다. 그 이유는 술탄이 일찍이 그 묘주의 신하였기 때문이다. 술탄은 묘소를 참배할 때도 고인에게 생전에 인사한 것처럼 인사를 한다. 나는 그가 묘소에 와서 고인의 신발에 입을 맞추고 그 신발을 머리 위에 올려놓는 것도 보았다. 그들은 죽은 이의 신발을 묘지 곁에 있는 등받이 의자에 올려놓는 관습이 있다. 또한 술탄은 고인의 미망인을 누님이라 부르며 존중하고, 술탄의 식구처럼 우대했다.

술탄은 반란자들을 정벌하러 떠나면서 작별인사를 하려고 우리 일행을 찾았다. 이때 나는 술탄에게 술탄 쿠트붓 딘의 묘역을 지키면서 무엇을 해야 할지 모르겠노라고 말했다. 또한 술탄이 내게 준 노복 460명을 먹여 살리는 것도 힘들다는 이야기도 덧붙였다. 술탄이 내게 지으라고 한 저택은 아직 손도 못 대고 있다는 말도 했다. 그랬더니 노복에게 줄 넉넉한 곡식과, 저택을 짓는 데 쓸 비용 등 모든 것을 한 번에 해결해 주었다. 그러면서 말하길 "부탁하건대 빚 독촉을 받지 않으려면 더 이상 빚을 지지 마세요. 당신의 소식을 나에게 전하는 사람도 없으니까 내가 주는 만큼만 쓰세요. 지고한 알라께서는 다음과 같이 말씀하셨습니다. '손을 목에 대고 묶지도 말고, 다 펴지도 마시오' '먹고 마시되 낭비는 하지 마시오.' '그대들이 소비는 하되 낭비하지 않고 인색하지도 않다면, 바로 그 사이에 단정함이 있도다'라고요."

나는 델리로 돌아와 서둘러 내가 지낼 집을 지었다. 그리고 술탄 쿠트붓 딘의 묘소도 관리하기 시작했다. 인도 사람들은 고인을 살아 있을 때와 똑같이 대해서, 화려하게 단장한 코끼리나 말을 묘당 문 앞에 매어 두는 게 이들의 관습이다. 나도 술탄의 묘소를 그들 식으로 꾸몄다.

얼마 뒤 나는 술탄이 내린 묘역 관리인 버슬이 지겨워져 샤이흐이며 이맘인 카말룻 딘 압둘라 알가리의 문하에 들어갔다. 그는 엄격하게 금욕적이고 겸손하며 경건한 수행자이며 학자이다. 나는 이 샤이흐를 위해 온 마음을 다해 봉사하기로 하고 내가 소유하고 있던 모든 것을 가난하고 불쌍한 사람들에게 내주었다. 샤이흐는 10일에서 때로는 20일씩 금식을 했다. 나도 그렇게 하려고 했지만 샤이흐는 굳이 만류했다. 그는 수행할 때는 마음을 편히 하라고 늘 당부했다. 그러면서 "다리 잘린 사람은 걸을 수도 없고 몸을 온전히 지킬 수도 없다"라고 말하곤 했다. 나는 내가 무엇을 소유하고 있다는 것이 나태의 원인임을 깨닫고, 곧 크건 작건 간에 내 자신이 소유하고 있는 모든 것을 미련 없이 내놓기로 했다. 그래서 내가 입고 있던 옷마저 가난한 사람에게 주고 그의 옷으로 바꿔 입었다. 이렇게 나는 이 샤이흐 곁에 5개월간 있었다. 그때 술탄은 지방에 가 있었다.

술탄은 내가 속세를 떠났다는 소식을 전해 듣고선 곧 나에게 만나자고 했다. 술탄은 그때 사유스탄에 머물고 있었다. 나는 허름한 옷을 입고 술탄을 찾아뵈었다. 그는 더없이 친절한 말투로 나와 이야기하면서 벼슬에 복귀하라고 권유했다. 그러나 나는 정중하게 사양하고 히자즈로 가게 해 달라고 부탁했다. 술탄은 결국 이를 허락했다. 그 후 나는 자위야에 머물며 '꾸란'을 독송하면서 40일을 보냈다.

알라의 뜻에 따라 몸을 바르게 한 지 꼭 40일이 지나자 술탄은 내게 남녀 시종에 말 한 필을 보내왔다. 내가 술탄에게 갔을 때 그는 "내가 당신을 부른 것은 당신을 나의 특사로 중국 왕에게 파견하기 위해서요. 나는 당신이 여행과 유람을 즐긴다는 것을 알고 있소"라고 했다. 술탄은 내게 필요한 것은 모두 챙겨 주고 수행원까지 지명했다.

일찍이 중국 왕은 술탄에게 노비 100명과 중국 취안저우와 항저우에서 짠 공단 100필과 사향 보석을 박은 옷 5벌, 수를 놓은 화살통 5개, 검 5자루 등을 보내왔다. 그러면서 술탄에게 카라질 지역에 불교 사찰을 지을 수 있도록 해 달라고 요청해 왔었다. 불교 사찰을 짓게 해 달라는 곳은 삼할(델리에서 동쪽으로 180km 지점의 도시로, 오늘날 삼발)로 중국인들의 순례지다. 이곳은 인도 무슬림군이 공격하여 파괴하고 노략질한 고장이다.

중국 왕의 예물이 도착하자 술탄은 다음과 같이 회신했다. "이러한 요청은 이슬람교 규범에 준해 수용할 수 없습니다. 무슬림 땅에서는 인두세를 납부해야만 사찰 건립이 허용됩니다. 만일 이러한 세금을 납부할 용의가 있다면 건립을 허락하겠습니다. 정도를 걷는 자에게 평화가 있기를 기원하는 바입니다."

술탄은 더 값진 예물로 답례를 했다. 이 답례에는 안장과 굴레까지 갖춘 말 100마리와 노예와 가무를 하는 종비 100명, 면포 100필, 오색 비단옷 100벌, 대형 천막 1기, 금제 촛대, 은제 쪽빛 촛대, 금제 대야, 은제 대야, 보석을 박고 수를 놓은 화살통 10개, 보석 박은 검 10자루, 보석 박힌 장갑, 남자 시종 5명 등이 포함되어 있었다.

나는 술탄을 비롯한 숱한 사람들의 환송을 받으며 중국으로 출발했다. 술탄은 내게 그의 시종을 붙여 주며, 내가 인도 내에서 여행하는 동안에 시중을 잘 들 것을 당부했다.

투글루크 왕조 시대

인도에 이슬람 세력이 들어가기 시작한 것은 712년 우마이야(옴미아드) 왕조의 무함마드가 원정군을 이끌고 인더스 강 유역의 신드 지방에 침입하면서부터다. 이들 세력은 9세기 서아시아의 압바스 왕조가 쇠약해지면서 독립된 세력으로 남아 10세기 말부터 인도는 본격적으로 이슬람화되었다. 당시 중앙아시아의 투르크 족은 아프가니스탄 지방을 중심으로 가즈니 왕조를 세워 펀자브 지방까지 세력을 확대했다. 그러나 종교, 문화적 영향은 미미했다.

12세기 중엽 가즈니 왕조가 쇠퇴하면서 아프가니스탄 인이 세운 구르왕조가 아프가니스탄을 지배했다. 이들은 펀자브 지방을 점령하고 델리에 진출하여 북인도 전역을 이슬람 세력권에 넣는 데 성공했다. 13세기 초에 델리 지방을 통치하던 구르 왕조는 1290년경 또 다른 투르크계에서 할지 왕조를 세웠다. 할지 왕조는 몽골 세력이 북인도에서 물러나자 구자라트와 라자스탄, 남인도 일부 지역까지 지배 영역을 넓혔고, 술탄 알라웃 딘은 새로운 조세 기준을 마련하여 경제적 부흥을 다졌다. 그러다 1316년에 알라웃 딘이 죽자 1320년에 기야숫 딘이 술탄 자리에 오르며 투글루크 왕조를 열었다.

그의 아들인 무함마드 이븐 투글루크(1325~1351)는 1327년 델리에서 데칸 고원의 서부로 수도를 옮겨 둘라타바드를 건설했으나 7년 뒤 다시 델리로 수도를 옮긴다. 투글루크는 기득권을 가진 무슬림 가문들의 정치적 영향력을 견제하기 위해 술탄으로는 처음으로 비무슬림 군 장교들을 정부의 요직에 임명하기도 하고, 힌두 사원 건설도 허용했을 뿐만 아니라 무슬림 학자를 정치 엘리트로 기용하는 등 이슬람과 비이슬람을 통합하는 데 힘썼다. 이븐 바투타가 인도를 여행할 당시가 바로 이슬람교를 신봉하는 투글루크 술탄이 집권하던 투글루크 왕조 시대였다.

9

중국으로 가는 험난한 길

델리에서 물루크까지 (1342-1344)

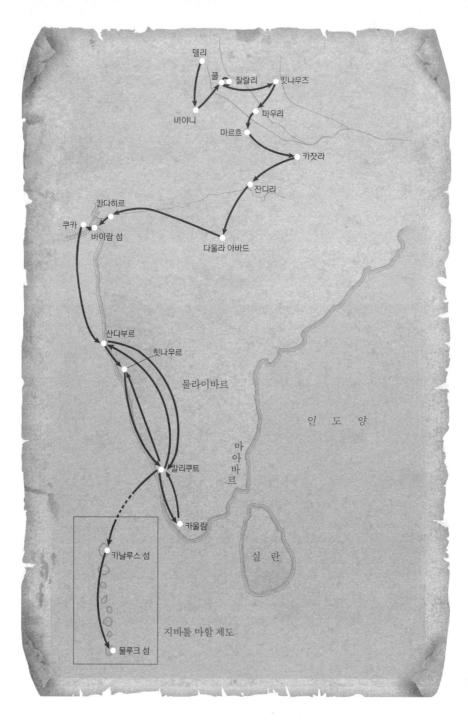

델리

쿨 잘랄리 킷나우즈

비야니 마우리

마르흐

카잣라

잔디리

칸다히르

쿠카

바이람 섬

다울라 아바드

산다부르

힛나우르

믈라이바르

인 도 양

마

아

바

르

칼리쿠트

카울람

실 란

카날루스 섬

지바툴 마할 제도

물루크 섬

델리에서 실란까지.

나와 사신단은 1342년(이슬람력 743년 2월 17일)에 델리를 출발했다.
인도인들은 매달 2일과 7일, 12일과 17일, 22일과 27일을 여행하
기에 좋은 날짜라고 생각하기 때문에 그날을 출발일로 정했다.
우리는 탈바트와 힐루를 지나 바야니에 도착했다. 시내의 사원
은 매우 우아하고, 벽과 천장은 돌로 만들어진 꽤 큰 도시였다.
바야니를 떠나 이른 곳은 쿨이었다. 우리가 쿨에 도착했을 때,
인도 이교도들이 이곳에서 약 11킬로미터 떨어진 잘랄리를 포
위하고 있다는 소식을 들었다.

　　우리가 잘랄리에 도착했을 때는 이미 이교도들과 마을 사람
들의 전투가 한창이었다. 마을 사람들의 운명이 경각에 달려 있
는 터라 우리 일행은 마을 사람들을 도와 이교도들과 싸웠다.
이교도들은 기병 1천 명과 보병 3천 명을 보유하고 있었다. 그

러나 마을 사람들은 이교도들을 마지막 한 명까지 모조리 무찌르고 말과 무기를 몽땅 거두었다. 이교도들을 물리친 것이다. 우리 쪽 희생은 몇 명뿐이었다. 그런데 희생자 중에는 중국으로 보낼 예물을 관장하던 술탄의 시종 카푸르도 들어 있었다. 사신단은 술탄에게 그의 죽음을 알리고 답신을 기다리느라 잠시 지체했다. 그동안 이교도들은 가끔 산악지대에서 내려와 마을 주변을 기습했다. 우리는 날마다 말을 타고 그곳 아미르를 도와 방어전에 나섰다.

그러던 어느 날, 나는 몇몇 동료들과 말을 타고 가다가 더위를 피해 눈을 붙이고 있었다. 그때 갑작스레 고함 소리가 들리더니 잘랄리를 기습했던 이교도들이 나타났다. 일행이 급히 말을 쫓아 추격했으나 놈들은 이미 사방으로 흩어져 사라졌고, 그 사이 우리 일행도 뿔뿔이 흩어져 버렸다. 그런데 갑자기 숲속에서 이교도들이 다시 뛰쳐나와 우리에게 달려드는 것이 아닌가. 다급해진 우리는 줄행랑을 치지 않을 수 없었다. 나도 이교도 세 명이 바싹 따라붙는 것을 피해 도망갔다. 하지만 하필 그때 금장식된 칼이 떨어져 그것을 줍는 사이 놈들이 바싹 쫓아와 나는 어쩔 수 없이 큰 웅덩이 속으로 몸을 숨겼다.

그러나 그것도 잠시, 웅덩이에서 빠져나와 길을 걷는데 이교도 40여 명이 나를 에워쌌다. 결국 나는 얼른 땅에 납작 엎드렸다. 그렇게 하면 이교도들은 죽이지 않는다고 했기 때문이다. 다행히 그들은 내가 가진 것을 몽땅 빼앗은 다음 나를 숲속으로 끌고 갔다.

숲속은 그들의 휴게소였다. 이교도들은 내게 물과 빵을 가져다주며 페르시아 어로 나에 관해 물었다. 나는 내가 술탄의 사신이란 사실을 숨기고 일부만 실토했다. 그들은 내가 어차피 죽게 될 것이라고 말했다.

나는 그 후 늙은이 한 사람과 그의 아들, 그리고 험상궂게 생긴 흑인에게 맡겨졌다. 그들끼리 주고받는 말투로 보아 나를 죽이라는 명령을 받은 것 같았다. 그들은 나를 동굴로 데리고 들어가더니 잠에 곯아떨어졌다. 다음 날 그들은 나를 연못가로 데리고 나갔다. 이제 꼼짝없이 죽는다고 생각한 나는 마지막으로 나를 끌고 온 노인과 이야기를 나누며 용서를 빌었다. 이야기를 들은 노인은 측은해하는 기색이 역력했다. 나는 내가 혹시 도망치더라도 그가 동료들에게 처벌받지 않도록 내 옷소매를 잘라서 노인에게 주었다.

정오쯤 다시 다른 패거리들이 나타나 두런두런 이야기를 나눴다. 마치 왜 나를 죽이지 않았는지 묻는 것처럼 들렸다. 잠시 후 세 사람 중 잘생긴 젊은이가 내게 다가와 뜻밖에도 "당신을 풀어줄까요?"라고 묻기에 얼른 그렇게 해 달라고 말했다. 그러자 그는 대뜸 어서 가라고 했다. 길까지 가르쳐 주면서. 내가 입고 있던 겉옷을 벗어서 그에게 주고, 나는 그가 벗어 준 허름한 줄무늬 옷을 입고 허둥지둥 그곳을 떠났다. 나는 달아나면서도 계속 그들이 쫓아오지 않을까 걱정하며 해가 질 때까지 갈대숲에 숨어 있었다.

해가 진 뒤 갈대밭에서 나와 나를 풀어준 젊은이가 알려준 길을 따라 걸었다. 샘물가에 이르러 물로 갈증을 풀고, 산기슭에서 잠도 자다가 배고플 때는 가시에 찔리면서 대추를 따 먹기도 했다. 산에서 내려와선 면화밭 옆의 우물에서 물을 마시고, 우물 옆 나무 아래서 잠도 잤다. 얼마나 곤히 잠들었는지, 갑옷 입은 병사들이 우물가에 와 있는 것도 까맣게 몰랐다.

나는 면화밭으로 몸을 피했다가 밤에 몰래 그곳을 빠져나왔다. 며칠 동안을 걸으면서 알라께 나를 안내해 줄 사람을 보내 달라고 기도했다.

죽을 고비에서 풀려나 도망친 지 1주일째 되는 날에 이교도들이 사는 어느 마을에 이르렀다. 먹을 것을 동냥해도 헛일이었다. 무 잎사귀로 허기를 채우고 다른 이교도 마을로 갔다. 그러나 나를 맞은 건 이교도 초병들이었다. 그들 중 하나가 칼을 높이 빼 들더니 나를 내려칠 기세였다. 나는 그를 올려다볼 힘도 없을 만큼 지쳐서 땅바닥에 그대로 주저앉았다. 그는 내 몸을 뒤졌지만 아무것도 안 나오자 내 옷을 빼앗아 갔다.

8일째 되는 날엔 갈증은 심해 갔지만 물을 찾을 길이 없어 고생하다 겨우 우물 하나를 발견했다. 물을 길으려고 신발 한 짝을 풀로 꼰 줄에 매달아 우물에 담갔다. 그러나 물을 긷다가 그만 줄이 끊어져 신발을 빠뜨리고 말았다. 나는 하는 수 없이 다른 한 짝으로 다시 물을 길어 올려 실컷 마셨다. 신발이 없는 한쪽 맨발은 헝겊으로 감쌌다. 발을 싸매며 한심한 내 모습에 신세한탄을 할 때 누군가가 내 앞에 나타났다.

그는 손에는 주전자와 지팡이를 들고 어깨에는 행랑을 걸쳤는데, 페르시아 어로 그도 나와 마찬가지로 길을 잃은 사람이라고 했다. 그러고는 갖고 있던 끈으로 주전자를 매달아 물을 길어 올렸다. 내가 그 물을 마시려 하자 이방인은 행낭에서 한 홉가량의 볶은 흑완두와 약간의 쌀을 꺼냈다. 나는 그것들을 허겁지겁 먹었다.

이방인은 간단하게 얼굴과 손 등을 씻은 뒤 2배의 예배를 올리고 나서 내 이름을 물었다. "저는 무함마드라고 합니다"라고 대답하고선 그의 이름을 물으니 "깔불 파리흐(기쁜 마음이라는 뜻)"라고 했다. 여간 낙천적이고 반가운 이름이 아닐 수 없었다. 그가 요청하여 우리는 함께 걸었다. 그런데 갑자기 사지가 나른해지며 내가 자리에 주저앉고 말았다.

"왜 그러십니까?"

"당신을 만나기 전까진 그런대로 걸었는데, 당신을 만난 후론 아예 걸을 수가 없네요."

"알라께서 찬미를 보내나니, 내 목에 올라타십시오."

"당신도 쇠약해진 몸인데 어떻게 그럴 수가 있습니까?"라고 사양하자, "알라께서 내게 힘을 주고 계십니다. 그러니 꼭 올라타십시오"라고 우기는 것이 아닌가. 나는 할 수 없이 그의 목에 올라탔다. 그러자 그는 내게 염송을 반복하면 알라께서 만족을 주실 것이라 하여, 나는 계속 염송을 했다.

그러다가 어느새 나는 눈꺼풀이 내려앉아 잠에 빠졌다가 땅에 내려선 뒤에야 겨우 정신을 차릴 수 있었다. 그런데 함께 온 이방인은 온데간데없이 사라지고 나는 어느 마을에 와 있는 것이 아닌가. 마을에 들어가니 인도인들이 사는 마을이지만 무슬림이 촌장이었다. 사람들에게 물으니 우리 일행들이 있는 쿨에서 멀지 않은 곳이었다.

나는 촌장의 집에서 따뜻한 음식도 대접받고 목욕도 할 수 있었다. 목욕을 마친 뒤 촌장이 "마침 쿨의 마할라에 사는 한 이집트 아랍 인이 제게 맡겨 놓고 간 옷과 머릿수건이 있습니다"라고 하며 내게 옷과 머릿수건을 갖고 왔다. 그것은 내가 쿨에 있을 때 어느 아랍 인에게 선물했던 그 옷과 머릿수건이었다. 정말 기이한 인연이었다.

나는 나를 목에 태워 준 이방인을 잊을 수가 없었다. 그런데 언젠가 알라의 현인 아부 압둘라 알 무르쉬드가 내게 한 말이 떠올랐다. 그는 내게 인도 땅에서 곤경에 처했을 때 그의 형제인 달샤드가 구출해 줄 것이라고 했다. 그제야 나는 이방인의 이름 '깔불 파리흐'가 페르시아 어로 '달샤드'인 것을 깨닫고, 그가 현인이었던 아부 압둘라 알 무르쉬드의 동생이었음을 알게 되었다.

그날 밤 나는 쿨의 동료들에게 내가 건재함을 알렸더니 즉시 말과 의상을 보내 무사함을 축하해 주었다.

한편, 그 사이 술탄의 답신은 이미 도착하여 죽은 시종을 대신할 산발 자마다르라는 시종을 보내왔다. 또한 끝까지 여행을 마치라는 칙령도 내렸다. 내 다른 동료들은 불길한 여행이라며 돌아가려고 했다. 그러나 나는 술탄의 의지를 확인하고 동료들을 설득하여 다시 한번 여행길에 올랐다.

우리는 쿨을 출발해 여러 도시를 서쳐 물가가 싸고 설탕이 흔한 킷나우즈에 도착했다. 이곳 설탕은 델리까지 실려 간다고 한다. 킷나우즈에서 또 여러 역참을 지나 마우리에 도착했다. 그곳에서 평생 동안 금식하면서 지내는 150살 되는 샤이흐를 잠시 만나고선 우리는 마르흐로 갔다.

마르흐는 인도의 한 부족인 말루 족이 세운 도시다. 말루 족은 몸집이 크고 선량하며 얼굴도 잘생겼다. 특히 여인들이 예쁜데, 그녀들은 사교술이 좋기로 유명하고, 성격도 매우 쾌활하다. 시민 대부분은 이슬람의 보호를 받는 이교도들이고, 도시는 요새화되어 있었다. 마르흐의 밀은 유례없이 질이 좋아 델리까지 수출한다. 이런 밀은 중국 땅에서도 본 일이 없을 정도로 훌륭했다.

인도를 여행하면서 어디를 가든 주키야라 불리는 마법사 이야기는 끊이지 않았다. 마법사들은 예언을 하기도 하고, 사람들이 세워 놓은 둥근 기둥 꼭대기에 올라앉아 25일간이나 식음을 전폐하기도 한다. 사람들 말에 따르면, 어떤 환을 지어 며칠 또는 한 달에 한 알씩만 먹으며 그 기간엔 전혀 음식을 먹지 않는다고 한다.

또 마법사들은 땅속에 굴을 파고 그곳에서 몇 달씩 지내는데, 그곳에는 공기 통하는 구멍만 하나 있을 뿐이라고 한다. 그런데도 그 속에서 1년씩이나 사는 사람도 있다고 한다. 술탄은 그들을 존중하며 가끔 그들과 자리를 함께했다. 그들 대부분은 육식을 하지 않고 식사량도 적었다. 또한 속세의 영화 따위엔 관심이 없었다.

어떤 마법사는 상대방에게 눈길을 주는 것만으로도 사람을 즉사시킨다고 한다. 이렇게 죽은 사람의 가슴을 헤쳐 보면 심장이 없는데, 이는 누군가 먹어 치웠기 때문이다. 이렇게 하는 사람은 주로 여성 마법사인 카프타르라고 한다.

나도 카프타르를 본 적이 있다. 인도 지역에 가뭄이 들어 대기근이 발생했을 때였다. 그때 술탄의 명에 따라 나도 델리 사람들에게 식량을 배급해 주는 일을 하고 있었다. 그러던 어느 날 사람들이 내게 한 여인을 끌고 왔다. 그녀가 남자아이의 심장을 도려 먹었다고 했다. 그녀를 다시 술탄에게 데리고 가자 술탄 대표는 그녀를 시험해 보라고 했다. 방법인즉, 물주머니 4개에 물을 가득 채우고 그녀의 팔과 다리에 하나씩 매단 다음 강에 빠트리는 것이다. 그녀가 물 위에 뜨면 카프타르 즉 마법사이고, 가라앉으면 사람이라고 한다. 결국 그녀는 가라앉지 않았다. 그러자 곧 화형에 처해졌다. 화형한 뒤 남은 재는 너나 할 것 없이 가져가는데, 그 재로 향을 피우면 1년 내내 사악한 기운을 떨쳐내 마술에 걸리지 않는다고 믿었기 때문이다.

또 한번은 델리에 있을 때 술탄이 나를 불렀다. 그는 마법사 두 사람과 함께 특설각(특별하게 만들어 놓은 자리)에 있었다. 술탄이 두 마법사에게 "이 이방인은 먼 곳에서 온 사람인데 평소 보지 못한 것을 보여 주게"라고 말하니 한 사람이 가부좌를 틀고 앉았다. 그러더니 가부좌를 튼 채 땅에서 공중으로 둥둥 떠서 일행들 머리 위를 떠다니는 게 아닌가. 너무나 신기한 나머지 나는 정신을 잃고 땅바닥에 쓰러지고 말았다. 나는 술탄이 주는 약을 먹고 가까스로 정신을 차릴 수 있었다. 또 다른 마법사는 자신의 주머니에서 신발을 꺼내 바닥에 내리쳤다. 그러자 신발이 가부좌를 튼 사람 머리 위로 날아올라 그 사람의 목을 가볍게 때렸다. 잠시 뒤 공중부양을 했던 마법사가 땅으로 내려와 일행들 곁에 앉았다. 가부좌를 튼 사람은 신발 주인의 제자였다. 술탄은 내가 기절하지 않았다면 더 어마어마한 것을 볼 수 있었을 것이라며 아쉬워했다. 그러나 왕궁에서 돌아온 뒤 나는 줄곧 가슴이 울렁거리더니 끝내 드러눕고 말았다. 결국 다시 술탄이 보내온 약을 먹고서야 정신을 차릴 수 있었다.

나는 길을 재촉하여 카잣라, 잔디리를 지나 델리와 비교될 정도로 규모가 컸던 다울라 아바드를 거쳐서 칸다하르로 갔다. 칸다하르에는 이교도들이 살지만 이슬람 치하에 있었다. 그러면서도 해마다 인도 왕에게 공물을 바쳤다.

칸다하르에 도착해서 술탄의 전각에 머물면서 고위 무슬림

내방객들을 만났다. 내방객 중엔 선주인 이브라힘도 있었는데, 우리는 그의 배를 타고 인도양으로 나가는 바닷길에 올랐다. 이틀 후 이교도의 공격으로 무인도가 된 바이람 섬을 거쳐서 그다음 날 쿠카에 도착했다. 하지만 썰물 때문에 배가 6.4킬로미터나 떨어진 바다에 정박하는 바람에 작은 배로 갈아탔음에도 배가 진흙 펄에 빠져, 하는 수 없이 남은 1.6킬로미터는 맨발로 걸어가야 했다.

쿠카 시내를 둘러본 뒤 사흘을 더 항해하여 도착한 곳은 산다부르였다. 이곳은 섬인데 마을이 36개 있고, 주위에는 작은 나루터들이 있다. 그곳에서 다시 육지에 가까운 한 섬으로 갔다. 여기엔 이교도 우상의 집(사찰)이 있었다. 한 마법사가 우상의 집 벽에 기대고 있어서 우리가 말을 걸었으나 묵묵부답이었다. 오히려 그는 우리를 보자마자 소리를 질렀다. 그때 그가 들고 있던 물담배통에서 떨어져 나온 호두알 하나를 우리에게 주었다. 우리는 그에게 식량과 디나르와 디르함을 주었으나 그는 한사코 받지 않았다. 그 대신 그는 내가 갖고 있던 유리 염주에 관심을 보였다. 내가 그 염주를 주었더니 그는 염주를 쓰다듬고, 냄새를 맡았다. 그러더니 그는 하늘을 가리키고, 또 예배 방향을 가리켰다. 내 동료들은 이런 그의 행동을 이해하지 못했지만, 나는 그가 자신도 무슬림이라고 알리고 있다는 사실을 금방 알아차렸다.

그는 자신이 무슬림이라는 사실을 감춘 채 이 섬에서 살고 있었던 것이다. 나는 그의 손에 입을 맞췄다. 그리고 얼마 뒤 자리를 뜨려 하자 그가 나의 옷깃을 잡아당기며 10디나르를 쥐어 주었다. 함께 있던 동료들이 왜 그가 내 옷깃을 잡아당겼는지 묻기에 그가 디나르를 쥐어 준 사실과 함께 그가 실은 무슬림이라는 이야기를 들려주자, 동료들이 다시 그를 찾았으나 그는 온데간데없었다.

우리는 다시 길을 떠나 힛나우르를 지나 물라이바르 지방에 들어섰다. 이 지방의 가옥은 특이하게도 나무로 만들어졌다. 길거리가 녹음으로 우거지고 800미터마다 나무집이 한 채씩 있는데, 집 안에는 석대가 마련되어 있다. 무슬림이건 이교도건 오가는 사람들이 그 위에 앉아서 쉬어 간다. 나무집이 있는 곳에는 우물이 하나씩 딸려 있는데, 그곳에서 나그네들이 목을 축인다. 물은 이교도가 관리하는데, 길손이 이교도면 그릇에 마시고 무슬림이면 손바닥에 받아 마신다.

물라이바르 지방 이교도들은 대대로 내려오는 관습에 따라 무슬림을 집 안에 들이지 않는다. 또한 절대로 무슬림과 식사를 함께 하지 않는다. 음식을 담아 줄 때도 자신들이 사용하던 식기에 음식을 담아 주지 않는다. 만약 자신들의 식기에 음식을 담아 무슬림에게 주었다면 그 식기는 부숴 버리거나 다른 무슬림에게 줘 버린다. 음식을 만들어 주기는 하지만 바나나 잎사귀에 싸서 그 위에 부식물을 얹어 주며, 남은 음식은 개나 새들에게 던져 준다. 하지만 역설적으로 이곳에서 무슬림은 가장 존귀

코지코드의 옛날 모습(게오르크 브라운과 프란스 호겐베르크의 책에 수록된 그림. 1572년)(출처: 위키피디아).

한 인간으로 대접을 받는다.

무슬림이 이 지역에 오면 묵을 만한 곳이 없다. 다만, 가는 길목마다 무슬림 집이 있어 여행 중인 무슬림들이 묵어갈 수 있다. 필요하면 물건도 팔아 주고, 음식도 만들어 준다.

물라이바르 지방은 산다부르에서 카울람까지 해변가를 따라 걸으면 두 달이 걸리는 거리다. 그러나 가는 동안 이처럼 안전한 길이 없다. 호두 한 알이라도 훔치는 사람은 사형에 처할 정도다.

여러 도시들을 거쳐 물라이바르 지방의 중심 도시 중 하나인 칼리쿠트(오늘날 인도 코지코드. 한때 '캘리컷'이라고 부름)에 도착했다. 이곳에는 중국, 자와, 예멘, 페르시아 등지에서 사람들이 찾아

코지코드의 바닷가 모습. 이븐 바투타가 여행할 당시 큰 항구도시였지만 오늘날은 한적한 바닷가만 남았다.

올 뿐만 아니라 세계 방방곡곡의 상인들도 모여든다. 세계적 거항이라 해도 전혀 손색이 없었다. 칼리쿠트의 술탄은 사미리라는 고령의 이교도인데, 룸 인들이 하는 것처럼 수염을 빡빡 깎았다.

우리 사신단은 이교도 술탄과 법관, 샤이흐 등의 성대한 환영을 받으며 입항했다. 칼리쿠트의 술탄은 우리에게 집 한 채씩을 나누어 주었다. 이곳에서 우리는 중국으로 떠나는 날을 기다리면서 무려 석 달 동안이나 이교도의 손님으로 대우받으며 머물렀다.

우리가 도착할 당시 항구에는 중국 선박 13척이 정박해 있었다. 내가 본 중국 선박은 세 가지 종류였다. 가장 큰 것은 준크,

중간 것은 자우, 작은 것은 카캄이라고 했다. 큰 배에는 돛이 적게는 3개에서 많게는 12개가 있어 1천 명이나 탈 수 있고, 선원이 6백 명이나 되며 4백 명은 전투원이다. 큰 배에는 작은 배 3척이 뒤따르는데, 작은 배들의 크기는 모선의 3분의 1 또는 절반 크기 정도이다.

중국 해역은 오로지 중국 선박만이 항해할 수 있기 때문에, 중국으로 떠날 시간이 되자 술탄 사미리는 칼리쿠트 항에 정박해 있는 준크 13척 중 한 척에 우리 사신단을 위한 자리를 마련해 주었다.

이곳 바다는 매일 신시(오후 3~5시) 이후면 파도가 심해져 누구도 항해할 수가 없다. 그래서 금요일에 준크 몇 척이 미리 떠나고 나는 금요일 예배를 마치고 그들의 뒤를 따르기로 했다. 그러나 토요일이 되자 앞서 떠났던 준크가 파도에 휩쓸려 파선되었다는 소식이 전해졌다. 승객은 대부분 익사하고 일부만 살아남았다고 한다. 다행히 나의 노비와 짐이 실린 카캄은 재빨리 준크의 조난을 보고 위기를 벗어났다. 그러나 칼리쿠트에 홀로 남겨진 나에게 남은 것은 고작 10디나르와 깔고 앉는 주단 한 장뿐이었다.

나는 내 노비와 짐이 실린 카캄의 소식을 듣기 위해 카울람으로 갔다. 열흘 만에 도착한 이 도시는 물라이바르 지방에서 중국과 가장 가까운 곳으로 많은 사람이 이곳을 통해 중국에 다녀왔다. 하지만 나는 카캄에 대한 소식을 전혀 듣지 못했다. 우

코지코드에 있는 바스쿠 다 가마 착륙 기념비. 바스쿠 다 가마가 이곳에 상륙한 시기는 1498년. 당시 코지코드는 오래전부터 인도와 아랍 등 여러 나라 사람들이 오가던 평화로운 국제적 항구였으나 바스쿠 다 가마가 상륙한 이후 코지코드는 포르투갈 동방진출의 근거지가 된다.

리와 동행했던 중국 왕의 사절들도 배를 타고 떠났다가 역시 배가 난파되어 중국 상인들로부터 옷가지를 제공받아 중국으로 돌아갔다.

나는 예물 문제를 의논하러 술탄에게 돌아갈까 생각했다. 그러나 술탄이 "왜 예물과 떨어져 있었느냐"고 추궁할 것이 두려워 그냥 현지에 남아 카캄 소식을 알아보기로 했다. 다시 칼리쿠트 항에 돌아가니 술탄의 배가 와 있었다. 아랍 인 아미르에게 더 많은 아랍 인들을 데려오라고 술탄이 보낸 배였다. 나는 그에게 술탄에게 돌아가는 것이 어떨지 상의했으나 그도 찬성하지 않았다. 하는 수 없이 나는 뱃길로 칼리쿠트를 떠났다.

때는 마침 항해철의 막바지였다. 반나절은 항해하고, 나머지는 정박해 있는 일정이 계속되었다. 항해 도중에 약탈선을 만났으나 우리 일행은 무사히 힛나우르에 정박했다. 이곳 술탄이 집한 채를 내주어 대부분의 시간을 꾸란을 독송하며 3개월을 보냈다. 그동안 힛나우르의 술탄 자말룻 딘은 산다부르를 정복하기 위해 선박 52척을 마련해 두었다. 선박들이 갖춰진 모습을 보니 나는 성전에 함께하고픈 생각이 들었다. 아주 이례적으로 술탄이 직접 출정한 이 전투에서 나는 술탄과 같은 배를 탔다. 우리는 전투를 승리로 이끌었고, 나는 술탄과 3개월여를 함께 보낸 뒤 다시 길을 떠났다.

나는 바닷길을 따라 여러 도시를 거쳐 다시 칼리쿠트로 돌아왔다. 마침 카캄에 탔던 노비 두 명이 그곳에 와 있어서 그간의 소식을 접할 수 있었다. 살아남은 계집종들은 모두 자와 왕이 빼앗아 가고, 짐은 여러 사람이 차지했다고 했다. 그들과 함께 갔던 동료들은 중국, 자와, 동인도의 반잘라 등지로 뿔뿔이 흩어졌다.

나는 그 소식에 낙담하고 다시 산다부르로 돌아왔다. 그곳도 이교도 술탄의 침략이 계속되었다. 결국 상황이 악화되어 나도 이교도에게 포위되었다가 가까스로 탈출해 칼리쿠트로 돌아왔다. 그즈음 나는 지바툴 마할에 대한 이야기를 듣고 그곳에 가기로 결심했다.

칼리쿠트에서 배를 타고 열흘을 항해한 끝에 지바툴 마할 제도(오늘날 몰디브 제도)에 도착했다. 이 제도는 섬 2천여 개로 만들어진 기적과 같은 군도다. 그 섬들 중 1백여 개는 둥근 모양으로 한데 모여 있는데, 한쪽에 문 같은 입구가 있어 선박들은 그곳을 통해서만 드나든다. 배가 섬에 이르면 반드시 현지인이 배에 올라타야만 다른 섬으로 이동할 수 있다. 섬들은 다른 섬에서 자라는 대추야자 나무 꼭대기가 보일 정도로 서로 가깝다. 그럼에도 배가 항로를 조금만 이탈해도 항구에 배를 댈 수 없고, 자칫 잘못하면 바람에 날려 마아바르나 실란까지 떠내려가기 일쑤다.

제도는 여러 구역으로 나뉘어 있는데, 한 곳을 제외하곤 전 제도에서 농사가 안 된다. 이곳에서 자라는 나무는 대부분 야자수다. 이곳 사람들의 주요 식량원은 이 야자수와 바다에서 잡히는 물고기들이다. 야자는 1년에 12번 꽃이 피는데, 야자로 즙과 식용류, 밀당을 만들기도 하고 사탕을 만들어 말린 호두와 함께 먹기도 한다.

이 제도의 사람들은 모두가 신앙심이 깊으며, 청렴하고 진실한 무슬림들이다. 그들은 몸이 약해서 싸움을 할 만한 체질이 못 되어서, 그들의 무기라고는 오로지 기도뿐이다. 한번은 내가 이 섬의 법관으로 있을 때 절도범의 손목을 자르라고 했더니 현장에 있던 여러 사람이 기절하는 일도 있었다. 이들이 이렇게 한없이 연약하지만 인도 해적마저도 이들을 감히 범접하거나 위협하지 않는다. 그 이유는 그들의 경험상 이곳 사람들로부터

몰디브 주민을 묘사한, 16세기 포르투갈 책에 실린 그림(출처: 위키피디아).

무엇인가 조금이라도 빼앗아 가면 바로 운수가 나빠지기 때문이다.

이 섬 사람들은 남녀노소 누구나 맨발로 다닌다. 이곳은 날씨가 무덥고 땀이 많이 나지만 사람들이 천성적으로 더러움을 멀리하고 깨끗한 것을 좋아해 하루에 두 번씩 목욕을 한다. 집에 들어가는 사람은 반드시 말람이라는 물통에 두 발을 씻고 나서 마직 돗자리에 발을 닦고 들어가야 한다. 그것은 사원에 들어갈 때도 마찬가지다. 골목길은 늘 깨끗하게 청소되어 있고 녹음이 우거져 있어 이곳을 지나가면 마냥 화원 속에 묻혀 있는 기분이 들 정도다.

섬의 여인들은 머리를 가리지 않는다. 그것은 황후도 마찬가지다. 그녀들은 머리카락을 한쪽으로 빗어 넘긴다. 여성들은 대부분 타월 한 장으로 배꼽부터 하체까지만 가릴 뿐이다. 그렇게 다른 부분은 모두 드러낸 채 생활하고 거리를 돌아다닌다. 내가 현지에서 법관으로 일할 때 이를 바로잡으려고 했지만 소용이 없었다. 어떤 여성이든 옷을 제대로 입어야 소송할 수 있다고 하자 타월 위에 옷을 껴입어 소매가 짧고 품은 헐렁하고 하나같이 꼴불견이었다.

지바툴 마할 제도에 배가 들어오면 배에 탄 사람들은 이곳 여성과 결혼을 했다가, 떠날 때는 이혼을 한다. 일종의 임시결혼이다. 하지만 이혼을 해도 이곳 여성들은 절대로 고향을 떠나지 않는다. 나는 세상에서 이 섬의 여인들만큼 붙임성이 좋은 여성들을 보지 못했다. 또한 부인은 다른 사람이 남편의 시중을 들지 못하도록 본인이 모든 시중을 든다. 그러면서도 자신은 남편과 한자리에 앉아서 식사를 하지 않는다. 그래서 남편은 부인이 무엇을 먹는지도 모른다.

이 제도의 사람들은 이슬람교를 믿는다. 그러나 원래 이 섬은 이교도들의 섬이었다고 한다. 오래전부터 전해 오는 그 사연은 다음과 같다.

이 제도에 늙은 마귀가 살았다. 사람들은 달마다 이 마귀에게 여성을 제물로 바쳐야 했다. 그런데 어느 날, 아부 바라카트 알 바르바리라는 마그리브 인(북아프리카 사람)이 제물로 바쳐질 여자를 대신해서 제물로 가장해 마귀에게 바쳐졌다. 그날 밤, 마귀가 나타났으나 이 마그리브 인은 아랑곳하지 않고 밤새 '꾸란'을 독송했다. 그러자 마귀가 독경소리를 듣고 바닷속으로 사라져 버렸다. 이 사실을 전해 들은 지바툴 마할 제도의 술탄 샨와라자는 마그리브 인에게 '당신이 이곳에 한 달만 더 머물러 마귀로부터 살아남는다면 나는 이슬람으로 귀의하겠소'라고 약속했다. 그래서 그 마그리브 인은 약속한 한 달이 되자 다시 마귀가 나오던 곳에 가서 새벽까지 독경을 외웠고, 마귀는 끝내 나타나지 않았다. 이를 계기로 왕은 물론 그의 가속들과 자식들, 관리와 주민들도 모두 이슬람으로 귀의했다. 그 후로 그 마그리브 인은 이 제도 사람들의 존경의 대상이 되었으며, 그의 이름을 딴 사원도 세워졌다.

기이하게도 지바툴 마할 제도의 술탄은 하디자라는 여성이다.

나는 이 제도의 카날루스 섬에 상륙했다. 그곳은 아름답고 사원도 많았다. 나는 어느 청렴한 인사의 집에 묵었는데, 어느 날 법학자가 나를 초대했다. 그 자리에서 어떤 인사가 "당신이 마할 제도에 온 것을 재상이 알면 잡고 놓지 않을 겁니다. 이곳에는 아직 법관이 없으니까요" 하는 것이 아닌가. 나의 원래 목적지는 중국이다. 지바툴 마할에서 실란(오늘날 스리랑카)과 반잘라를 거쳐 중국까지 갈 계획이었다. 그래서 이 섬에 머물 생각이 없었기에 누가 물으면 그런 사람을 모른다고 해 달라고 신신당부했다.

하루는 실란에서 배가 한 척 도착했다. 그런데 그 배를 타고 온 아랍과 페르시아 수행자들이 재상의 시종에게 그만 내 신상을 발설하고 말았다. 그 뒤로 재상은 나를 더욱 반겼다. 식사에도 초대하고, 내게 저택과 계집종, 생활비를 내려 주었으며, 제도의 여인과 결혼까지 주선했다.

그런 와중에 나는 열병에 걸리고 말았다. 이 섬에 들어오는 사람이면 누구나 걸리는 열병이었다. 병에 걸리고 보니 나는 빨리 이 섬을 떠나고 싶었다. 일부 장식품을 지바툴 마할 제도의 화폐로 사용되는 조가비와 교환하고 반잘라로 가는 배 한 척을 빌렸다. 그러자 재상은 사람을 보내 나더러 돌아가려면 자신들이 준 것을 모두 원래대로 되돌려 주고 떠나라고 했다. 그러기 위해서는 조가비를 팔아 금으로 바꿔야 했다. 그러나 조가비를 사 줄 상인이 나타나지 않았다. 재상이 내 조가비를 사지 못하도록 명령을 해 놓았던 것이다. 내가 떠나지 못하도록. 나는 억지로 남아 있을 바엔 차라리 자발적으로 있는 척이라도 할 요령으로 재상에게 남아 있겠다고 하고 몇 가지 조건을 제시했다.

하나는 맨발로 걸어 다닐 수 없으니 말이나 교자를 내어 달라고 했고, 교환한 조가비는 직접 팔 수 있도록 해 달라고 했다. 그리고 여 술탄의 계모, 즉 선친의 후궁과 결혼을 했다.

그 후 나는 지하툴 마할의 법관으로 서임되어 교법을 확립하기 위해 애썼다. 섬은 내 고향처럼 송사가 많지 않았다. 다만 무슬림으로서 지켜야 할 도리를 지키도록 애썼다. 예를 들어 예배 시간을 엄수토록 했으며, 여의치 않았지만 여성들에게는 옷을 제대로 입히려고 힘썼다.

나는 지바툴 마할 섬에 머무는 동안 여자 4명과 결혼했으나, 섬을 떠날 때는 이들과 모두 이혼했다.

제도에 머무는 동안 나는 재상과 사이가 나빠져 결국 빚을 모두 갚고 법관직에서 물러나 다른 섬으로 떠났다. 집이라곤 한 채밖에 없는 자그마한 섬이었다. 섬 주인은 아내와 몇몇 자식들과 함께 살며, 그가 하는 일이라고는 옷감을 짜거나 작은 쪽배한 척을 전 재산 삼아 물고기를 잡거나 다른 섬을 오고가는 것이 전부였다. 섬에는 야자나무 여러 그루와 바나나나무만 보이고, 까마귀 두어 마리가 내가 탄 배 위를 빙빙 돌고 있었다. 나는이 섬을 평생 나의 안식처로 삼고 싶을 만큼 섬 주인이 부러웠다. 그러나 내가 가야 할 길은 아직도 멀었다.

나는 그 섬을 떠나 이 제도의 또 다른 섬 물루크에 도착했다. 이 섬에는 나를 중국으로 인도해 줄 선주 이브라함의 배가 정박해 있었다. 물루크는 내가 본 섬 중에서 녹음이 가장 우거진 곳으로 나뭇가지가 부러져 땅이나 벽에 꽂히면 그대로 살아서 자라나는 기적 같은 일이 벌어지는 곳이었다. 나는 이곳에서 70여일을 머물며 두 여자와 결혼했다.

이븐 바투타와 마르코 폴로

이븐 바투타와 마르코 폴로는 13, 14세기 당시로는 드물게 중국을 직접 목격한 사람들로, 세상 사람들에게 두 사람의 여행기는 자주 비교 대상이 된다. 이븐 바투타는 30년이라는 여행 기간 동안 한 곳에 머물기보다는 여러 곳을 두루 다니며 14세기 아프리카, 유럽, 아시아의 다양한 모습을 기록으로 남겼다. 그에 반해 마르코 폴로는 1271년부터 1295년까지 24년간의 동방 여행 중 체험한 서아시아와 동남아시아를 기술했지만, 그중에서도 중국에 머물렀던 17년간의 경험이 책의 중심이다.

이븐 바투타나 마르코 폴로의 책은 모두 그들이 직접 쓴 것이 아니다. 『이븐 바투타 여행기』는 술탄의 명을 받아 이븐 바투타가 쓴 글을 이븐 주자이가 다시 정리하여 엮은 것이고, 『동방견문록』은 마르코 폴로가 1년간 감옥 생활을 할 때 감옥 동료들에게 들려준 이야기를 작가 루스티켈로가 받아 적어 탄생시킨 것이다. 그리고 두 책 모두 오늘날 불리는 제목이 원래의 제목과 다르다. 『이븐 바투타 여행기』의 원제목은 『여러 지방의 기사(奇事)와 여러 여로(旅路)의 이적(異蹟)을 목격한 자의 보록(寶錄)』이며, 『동방견문록』은 『세계에 관한 서술』이다.

13세기 『동방견문록』은 『성경』 다음으로 많이 읽힌 베스트셀러라고 한다. 그러나 당시 유럽 사람들은 마르코 폴로를 두고 '밀리오네'라고 불렀다. 그가 입만 열면 '백만, 백만'이라 말했기 때문에 일종의 허풍선이라는 뜻으로 그렇게 불렀다고 한다. 마르코 폴로는 "중국 항저우는 세상에서 가장 세련되고 찬란한 도시이며, 양쯔 강의 통행량은 유럽의 모든 강과 바다를 합친 통행량보다 많다"고 말했다. 마르코 폴로가 17년간 쿠빌라이 칸의 궁전에서 일하고 왔음에도 불구하고 그를 허풍쟁이로 본 유럽 사람들은 그가 말한 몽골 제국의 규모와 풍요로운 경제 상황을 반신반의하며 막연한 동경으로만 받아들였다. 그러나 14세기 이븐 바투타의 여행기를 접하면

서 유럽은 이븐 바투타가 다녀온 길과 동방의 풍족함을 어느 정도 확신하면서 용기를 낼 수 있었다. 그리하여 몽골 제국이 버티고 있던 육로가 아닌 해로를 통해 아프리카 희망봉과 인도 항로 개척에 나설 수 있었던 것이다.

오늘날 유럽의 학자들은 이븐 바투타와 마르코 폴로를 비교하면서 '보름달 옆의 뭇별'이라고 말한다. 이는 곧, 두 사람이 다녀온 경로나 지나온 지역에 대한 설명이나 역사적 의미를 볼 때 마르코 폴로의 여행길은 이븐 바투타가 이룬 업적에 비할 바가 못 된다는 것을 뜻한다.

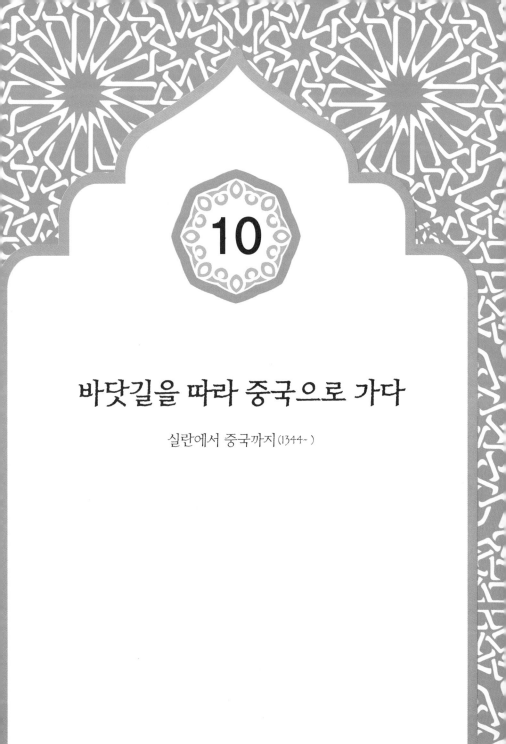

10

바닷길을 따라 중국으로 가다

실란에서 중국까지 (1344~)

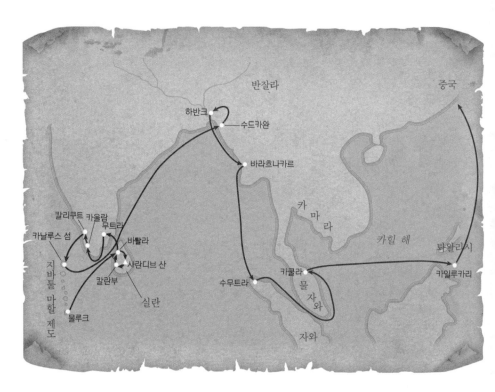

실란에서 중국까지.

1344년(이슬람력 745년 4월 중순), 물루크를 떠나 마아바르 지방으로 향했다. 지바툴 마할 제도에서 마아바르(오늘날 코로만델 해안의 마드라스 지역)까지는 고작 3일 거리지만 우리가 9일 만에 정박한 곳은 실란(오늘날 스리랑카) 섬이다. 이 섬의 술탄은 바닷일에 유능한 사람으로, 그는 크고 작은 배를 1백여 척이나 소유하고 있다. 술탄은 페르시아를 잘 알고 있었으며, 내가 다녔던 여러 나라들과 제왕들에 대해 퍽 흥미로워했다. 나는 왕도였던 바톨라에서 3일간이나 머물렀는데, 날이 갈수록 더 극진하게 환대를 받았다.

실란 섬은 루비가 전역에 널려 있었다. 그러나 모든 땅에는 소유주가 있어서 루비를 구입하고 싶은 사람들은 땅을 사서 루비를 파내야 한다. 땅을 파면 광석이 나오는데, 탁마공이 이 광

스리랑카 항구의 전경.

석을 쪼고 갈면 루비가 그 찬란한 모습을 드러낸다. 루비는 빨간색, 노란색, 파란색이 있는데, 파란색 루비는 나일람이라고 한다. 사람들은 채굴된 루비의 가치가 1백 파남(1백 파남은 6디나르의 금화에 해당) 이상이면 술탄에게 바친다. 물론 술탄은 루비의 값을 치른다. 하지만 1백 파남 이하의 루비는 채굴자가 갖는다.

실란의 모든 여성들은 오색찬란한 루비 목걸이를 하고 있다. 팔목이나 발목에도 루비 장식 일색이다. 하다못해 술탄의 시녀들도 루비로 그물을 짜서 머리에 쓰고 있고, 흰 코끼리 이마에도 달걀보다도 큰 루비가 일곱 개나 박혀 있었다. 내가 이런 사실에 놀라니 술탄은 그보다 더 큰 루비도 있다고 했다.

내가 실란 섬을 방문한 이유는 거룩한 발자국, 즉 '아담의 발자국'°을 보기 위해서다. 아담의 발자국에 가기 위해서는 사비크 동굴을 거쳐야 한다. 이 동굴에는 거머리가 사는데, 물 근처에 있는 거머리는 나무나 풀 속에 있다가 사람이 접근하면 슬쩍 몸에 달라붙는다. 일단 살에 붙기만 하면 출혈이 심하다. 그래서 사람들은 레몬을 준비하고 다닌다. 거머리가 달라붙은 곳에 바르면 거머리가 바로 떨어져 나가기 때문이다. 일단 거머리가 떨어지면 붙었던 자리는 나무칼로 싹싹 긁어내야 한다. 어떤 여행객은 거머리가 붙었던 곳에 레몬즙도 바르지 않고 있다가 끝내 피를 너무 많이 흘려 죽은 일도 있다고 한다.

사비크를 비롯해 동굴 일곱 개를 지나 사란디브 산(일명 아담의 발 산이라 부르는데, 사란디브는 고대 아랍 어나 페르시아 어로 실란을 말함)의 입구에 도착했다. 사란디브 산은 9일 거리의 먼 바다에서도 볼 수 있을 정도로 높다. 산에 올라가면 구름이 발밑에 흐르는데, 구름바다가 일행과 산기슭을 갈라놓을 정도다.

사란디브 산에 있는 아담의 발자국으로 가려면 길이 두 갈래가 있다. 하나는 바바의 길이고, 또 하나는 마마의 길이다. 실란에서는 아담을 '바바', 이브를 '마마'라고 부른다. 마마의 길

 ○

아담의 발자국은 스리랑카 남서부에 있는 '아담의 산' 봉우리 밑 대지에 움푹 파인 인간 모양의 발자국을 말한다. 이를 두고 불교와 힌두교, 이슬람교에서는 각각 석가, 아담, 시바의 발자국으로 믿고 순례를 온다.

○ ○

은 걷기가 쉬워 순례자들이 돌아올 때 주로 택한다. 하지만 현지인들은 쉬운 마마의 길을 걷는 사람을 순례자로 여기지 않는다. 반면 바바의 길은 꼬불꼬불하여 오르기가 쉽지 않다. 옛 사람들은 이 산에 오르려고 계단을 만들었고, 계단을 따라 쇠사슬을 늘여 놓았다. 이 사슬을 잡고 오르며 산 아래를 내려다보면 정신이 아찔해져 저절로 신앙고백을 하게 된다. 그래서 마지막 사슬을 '샤하다', 즉 '신앙고백 사슬'이라고 한다. 이 쇠사슬 길을 지나면 평탄한 길이 나온다. 그 길로 약 14킬로미터를 더 가면 히드로 동굴이 나오고, 다시 동굴에서 약 3킬로미터를 걸으면 아담의 발자국이 있는 산 정상에 오를 수 있다

시조 아담의 발자국은 펑퍼짐한 곳에 두드러져 있는 거무스름한 암석에 깊이 패어 있다. 발자국 길이는 11쉬브르(약 250cm)나 된다. 그 옛날 중국 사람들이 엄지발가락 부분을 떼어 가서 자이툰에 있는 한 묘당에 가져다 놓았는데, 먼 곳에서도 그곳에 참배를 하러 온다고 한다. 발자국이 있는 암석엔 구멍이 9개 패어 있는데, 이교도 순례자들이 그 구멍에 쇠붙이나 루비 보석들을 집어넣으면 수행자들이 앞다퉈 꺼내 간다고 한다. 순례자들은 보통 히드르 동굴에 3일 정도 묵으며, 아침저녁으로 발자국을 참배한다. 우리 일행들도 그렇게 했다.

3일 뒤 우리는 마마의 길로 내려오며 순례를 마쳤다. 우리가 산에서 내려와 도착한 곳은 칼란부였다. 실란에서 가장 아름다우며 큰 도시 중 하나로 이곳에는 에티오피아 인 5백여 명이 살

고 있었다. 여기를 떠나서 3일 뒤에 바틀라에 도착했다. 그곳에서 나를 기다리고 있던 선주 이브라힘과 함께 실란 섬을 떠났다.

우리 일행은 마아바르 지방으로 향했다. 가는 도중에 강풍이 불어와 바닷물이 배 안으로 들이닥칠 뻔했다. 숙련된 선장이 없던 탓에 결국 배는 얕은 여울에 빠져 좌초되었다. 죽음이 눈앞에 다가오자 사람들은 소지품을 바다에 던지고 서로 작별인사를 나눴다. 선원들은 나무로 뗏목을 만들었다. 육지까지는 2파르사흐(약 12.48km)나 떨어져 있었다. 내가 뗏목을 타려 하자 계집종과 동료들이 "당신만 내리고 우리는 이렇게 내버려 두는 겁니까?"라고 볼멘소리를 했다. 결국 나는 그대로 배에 남고, 다른 이들을 태워 보냈다. 그러고서는 날이 밝을 때까지 나는 배 꼭대기에 앉아 있었다.

날이 밝자 이교도들이 쪽배를 타고 다가왔다. 우리 일행은 그들과 함께 마아바르 지방의 어느 해안에 상륙했다. 마아바르 지방은 원래 델리 왕인 술탄 무함마드의 치하에 있었으나 지금은 모반에 성공한 기야슷 딘이 지배하고 있었다. 마침 술탄이 해안으로부터 이틀 거리에서 한창 정벌전을 벌이고 있어서 우리 일행은 술탄의 야차로 향했다.

인도인들은 술탄을 만나러 갈 때는 반드시 훗프(밑창이 연한 신발)라는 신발을 신고 가야 한다. 그러나 내게 그런 신발이 있을 리 없었다. 때마침 한 이교도가 훗프 한 켤레를 주어 그 신을 신

마두라이 전경과 미나시크 사원.

고 술탄을 만났다.

나는 그 자리에서 지바툴 마할 제도에 대해 이야기하고 파병을 건의했다. 술탄은 그 자리에서 파병을 결심하고 파병할 선박과 제도의 여 술탄과 대신 등에게 보낼 예물 등을 일일이 지정했다. 그러나 수행자들과 선물, 선박 등은 준비되었지만 제도로 들어가려면 3개월 정도 기다려야 했다. 술탄은 그동안 내게 왕도인 무트라(오늘날 인도 마두라이)에서 제도 원정을 시작하자고 권해, 나는 술탄과 함께 무트라에 가기로 했다.

왕도 무트라의 거리는 넓었다. 이 도시는 델리와 비교되며 건설되었는데, 건물은 오히려 델리보다 더 좋았다. 내가 그곳에 갔을 때는 전염병이 들끓어 많은 사람이 비참하게 떼죽음을 당

미나시크 사원의 사원탑.

하고 있었다. 이 전염병에 일단 걸리기만 하면 하루 이틀 만에 목숨을 잃기가 일쑤이고, 기껏해야 나흘을 넘기지 못했다. 밖에 나가면 눈에 띄는 것은 환자나 시체뿐이었다. 그뿐만이 아니었다. 술탄의 아들에 이어 술탄의 어머니까지 죽었고, 끝내 술탄도 승하했다. 혹시 반란이 일어나지 않을까 우려했지만 술탄의 조카 나쉬룻 딘이 뒤를 이었다.

나쉬룻 딘은 전 술탄이 결정한 대로 지바툴 마할 제도로 갈 선박들을 다시 챙기라고 지시했다. 그런데 그때 나는 치명적인 열병에 걸려 사경을 헤매고 있었다. 다행히도 사흘 동안 설사가 난 뒤에 병은 완쾌되었다. 한번 죽을 고비를 넘기고 나니 갑자기 그곳이 싫어진 나는 마침 예멘으로 떠나는 선박이 있어 그 배에 올라탔다.

그 배를 타고 도착한 곳은 카울람이다. 병이 완전히 낫지 않은 상태여서 나는 이곳에서 3개월 정도 더 머물렀다. 그 뒤 다시 배를 얻어 타고 힛나우르로 가는 도중 해상에서 이교도 군함과 맞닥뜨렸는데, 격전 끝에 우리가 패하고 말았다. 그들은 내가 비상용으로 비축해 둔 보석이며 루비, 옷가지, 식량 등 모든 것을 빼앗아 갔다. 나는 그 길로 다시 칼리쿠트로 돌아와 어느 사원에 몸을 의탁했다. 이때 지바툴 마할 제도에 임신한 채 두고 온 아내가 아들을 낳았고, 여 술탄 하디자가 결혼했다는 소식을 듣고 나니 불현듯 지바툴 마할에 가고 싶어졌다.

그로부터 10일 뒤 나는 지바툴 마할 제도의 카날루스 섬에 도착했다. 이곳을 떠날 때 사이가 나빴던 재상이 내가 온 것을 알고 내 근황과 동행자들에 대해 물었다. 재상은 내게 최선을 다해 후대해 주었지만 아들이 아내와 함께 있는 편이 나을 듯싶어 나 홀로 다시 서둘러 섬을 떠났다.

바다에서 43일을 보내고 드디어 반잘라 지방(오늘날 벵골)에 도착했다. 이곳은 쌀이 대량 생산되는 광활한 곳이다. 물가도 세상 그 어느 곳보다 쌌다. 반잘라 지방에서 처음 들어간 도시는 수드카완이다. 해안가에 있는 도시로, 인도인들이 순례하는 칸크 강(인도의 갠지스 강)과 준 강(인도의 밍나 강)이 합류하여 바다로 흘러가는 곳이다.

나는 수드카완에서 한 달 거리에 있는 카마루 산맥을 찾았다. 이곳은 중국과 인접한 산맥으로 사향노루의 산지인 투바트(오늘날 티베트)와도 잇닿아 있다. 이곳의 주민은 투르크 인과 비슷하며 봉사심도 강하다.

내가 이 산맥을 찾은 이유는 현인을 만나기 위해서다. 그는 바로 샤이흐 잘랄룻 딘 앗 타브리지이다. 이 샤이흐야말로 독보적인 현인으로, 유명한 영험과 커다란 기적을 남긴 사람이었다. 그는 나이가 많았는데, 압바스조의 할리파 무스타아쉬르 빌라가 다스릴 때 바그다드에 갔었으며, 그가 피살될 당시에도 현지에 있었다고 이야기했다.

내가 샤이흐를 만나러 가는 길에, 오히려 그가 머물던 장소에서 이틀 거리나 되는 곳으로 그의 문하생 4명이 나를 맞으러 왔다. 그들의 말에 따르면 샤이흐가 수행자들에게 "마그리브에서 한 여행자가 찾아오고 있으니 어서 가서 맞이하시오"라고 말했다는 것이다. 그들은 샤이흐의 이런 분부를 받고 온 것이다. 사실 샤이흐는 나에 대해 아는 바가 전혀 없었다. 이것이야말로 그의 영적인 능력을 보여 준 예이다. 나는 그의 문하생들을 따라 샤이흐에게 갔다. 동굴 밖에 있는 그의 자위야에는 별다른 물건이 없었다.

그에게 대접을 받으며 3일을 지냈다. 하루는 샤이흐를 만나러 갔는데, 그가 융모직으로 된 겉옷을 입고 있었다. 나는 그 옷이 맘에 들었다. 그래서 속으로 '샤이흐께서 이 옷을 내게 주시면 얼마나 좋을까'라고 생각했다. 이를 차마 말하지 못한 채 샤이흐와 이야기를 끝내고 작별인사를 하려 했다. 그런데 그가 슬그머니 동굴 곁으로 가서 그 겉옷을 벗어 손수 입혀 주는 것이 아닌가. 그러고는 머리에 쓰고 있던 작은 모자마저 벗어서 내게 주고, 자신은 누덕누덕 기운 헌 옷을 입었다. 그런데 문하생들의 말에 따르면 평상시에 샤이흐는 그 겉옷을 입지 않았는데, 내가 온다니까 챙겨 입었다고 한다. 그러면서 문하생들에게 "이 겉옷을 한 마그리브 인이 요구할 것이오. 그러나 한 이교도 술탄이 그의 손에서 빼앗아 우리의 형제인 부르하눗 딘 앗 솨르지에게 넘겨줄 것이오. 원래 이 옷은 그를 위해 만들어진 것이니까요"라고 말했다고 한다.

문하생들의 이야기를 들은 나는 "샤이흐께서 자신의 옷을 제게 입혀 줌으로써 저에겐 그의 길상이 현현된 셈입니다. 따라서 저는 이 옷을 입고는 그 어떠한 이교도 술탄이나 무슬림한테도 가지 않을 것입니다"라고 했다.

그러나 이 옷과 얽힌 일은 여기서 끝나지 않았다. 나는 이 일이 있고 퍽 오랜 시간이 흐른 뒤 중국에 들어가게 되었다. 그런데 한사(오늘날 중국 항저우)에서 사람들이 붐비는 바람에 나는 동료들과 헤어지고 말았다. 그때 마침 나는 그 겉옷을 입고 있었다. 그 시각 그곳에 굉장한 재상의 의전행렬이 지나가고 있었다. 그런데 재상이 나를 보더니 어디서 왔는지를 물으며 나를 떼어놓지 않기에 재상과 함께 어느새 한사의 술탄 궁까지 가게 되었다. 이윽고 나는 한사의 술탄에게까지 안내되었다. 한사의 술탄이 이슬람의 술탄에 대해 이것저것 물어서 내가 아는 대로 대답하는데, 술탄은 나의 겉옷을 보더니 연신 찬사를 보냈다. 그러자 곁에 있던 재상이 내게 "한번 벗어 보시지요"라고 간청했다. 누구의 말이라고 거역하겠는가. 술탄은 그 옷을 갖고 가더니 돌려주지 않는 대신 내게 비단 옷 10벌과 안장 갖춘 말, 생활비까지 하사했다. 내 마음은 내키지 않았으나 두고두고 그 겉옷을 이교도 술탄이 갖고 갈 것이라고 한 그 샤이흐의 말이 떠올랐다.

그 후 어느 해인가 한 발리크(오늘날 중국 베이징)에 있는 중국 왕궁에 들렀다가 샤이흐 부르하눗 딘 앗 쏴가르지의 자위야를 찾았다. 그런데 샤이흐가 바로 그때 그 겉옷을 입고 있는 것이 아닌가. 나는 너무 신기해서 그 옷을 뒤집어 봤다.

그러자 샤이흐는 "왜 뒤집어 보십니까? 본 적이라도 있나 봅니다"라고 하기에, 나는 "네, 있고말고요. 이 옷이 바로 한사의 술탄이 나에게서 가져간 그 옷입니다"라고 말했다.

그랬더니 샤이흐는 "이 겉옷은 나의 형제 잘랄룻 딘이 나를 위해 지은 것입니다. 그는 내게 서한을 보내 웬 사람의 손을 거쳐 이 옷이 나에게 도착될 것이라고 했습니다"라고 말하며 서한을 꺼내 보여 주었다.

나는 편지를 보고 샤이흐 잘랄룻 딘의 정확한 선견지명에 놀라움을 금할 수가 없었다. 그러고선 샤이흐 부르하눗 딘에게 자초지종을 이야기했더니 그는 "나의 형제 잘랄롯 딘은 세상에서 비할 바 없는 위인이고 자유자재의 달인입니다. 그러나 그는 벌써 알라의 품으로 귀소했습니다"라고 하는 것이었다.

그렇게 선견지명이 뛰어난 샤이흐 잘랄롯 딘과 작별을 하고 나는 하반크(오늘날 인도 아삼 북부의 하방)로 갔다. 대단히 아름다운 도시로 강이 도시를 가로지르고 있었다. 마치 이집트의 나일 강처럼 강 좌우 양 기슭엔 수차와 화원 마을들이 즐비했다. 주민은 이슬람의 보호를 받는 이교도들이다. 우리 일행은 이 강에서 15일간 여행한 뒤 40일에 걸쳐서 자와(오늘날 말레이 반도)로 향했다.

우리는 자와로 가는 길에 바라흐나카르 지방(오늘날 인도 안다만 또는 미얀마의 네그라이스 곶 부근)에 들렀다. 이곳 사람들은 미개인으로 이슬람교이건 힌두교이건 종교를 믿지 않으며 해변에 갈대를 세우고 풀로 이엉을 얹은 집에서 산다. 남자들은 우리와 비슷하나 입이 개 주둥이처럼 생겼고, 아무것도 걸치지 않고 지낸다. 여자는 무척 예쁘다. 코끼리가 많으나 술탄 이외에는 그 누구도 마음대로 처리할 수 없다. 또 그들은 괴상한 말을 하고 있어 그곳 사람이나 자주 드나드는 사람들 말고는 알아들을 수가 없다.

우리는 그곳을 출발해 25일 만에 자와 섬에 도착했다. 섬에 도착하기 반나절 전부터 멀리서 푸른 섬이 바라다보였다. 자와 섬은 자와 유향의 산지로 유명했다. 향료 식물은 주로 이교도들이 사는 지역에 있었고, 무슬림들이 사는 지역에는 상대적으로 적었다.

우리 일행이 항구에 도착하자 항구를 관리하는 사람이 배에

말레이 반도와 인도네시아, 사하라 사막 이남 아프리카에 이슬람이 확산된 과정은 다른 곳과 달리 독특하다. 정복에 의한 강제적 포교나 중앙집권화된 국가의 강요가 있었던 것도 아니다. 그렇다고 대규모로 외부에서 무슬림 인구가 유입된 것도 아니었다. 대대적인 사회적 변화가 아닌 무슬림 상인과 포교사들에 의해 서서히 변화되어 가면서 이슬람은 인구 대부분의 종교가 되었다. 이슬람이 동남아에 전파된 것은 인도와 빈번히 이루어진 무역 영향이 크다. 특히 13세기 말 인도와 아라비아, 중국과 교역이 활성화되면서 중국에서 건너온 상인들과 수피들이 인도네시아에 처음 이슬람을 전파했다.

동남아의 이슬람에 대해서 가장 오래된 흔적은 바이문이라는 사람의 딸의 무덤으로, 1082년에 만들어진 무덤이다. 그러나 이 무덤의 비문에는 이 여인이 이슬람 교도라는 사실을 알 수 있는 어떤 문구도 없다. 베네치아 여행가 마르코 폴로가 1292년에, 이븐 바투타가 1345년에 인도네시아를 거치면서, 그곳이 이슬람의 통치하에 있었다는 것을 기록한 것을 바탕으로 그저 미루어 짐작할 따름이다.

기존 정권이 이슬람으로 개종하여 자기 기반을 강화한 것과 달리 동남아시아의 이슬람 문명은 지배계급의 변화가 없었기에 개종 이전의 전통이 강하게 배어 있는 것이 특징이다. 동남아시아의 이슬람은 민속문화와 서민의 정체성 속으로 침투하여 덜 이슬람적이고 더 토착적인 이슬람을 만들어냈다.

샤프론(왼쪽)과 육두구(오른쪽).

올라와 우리 일행을 알아본 뒤 상륙을 허락했다. 관리는 술탄에게 서한을 보내 내가 왔다는 것을 알렸다. 우리는 술탄의 행사용 말을 타고 술탄의 왕도인 수무트라에 들어갔다. 수무트라는 크고 아름다운 도시로 주위는 나무 울타리가 에워싸고 있었으며, 나무 성탑들도 군데군데 있었다. 자와의 술탄 말리크 좌히르는 덕망 있는 군주로 알려져 있으며 법학자들을 좋아한다. 그래서 법학자들은 독경과 염송을 위해 늘 술탄과 함께한다. 술탄궁에서 나는 술탄의 대표인 옴다툴 말리크를 만났다. 그는 일어서서 악수를 청했다. 그들의 인사법은 악수다.

수무트라 관행은 손님이 도착해서 3일 뒤에야 술탄을 만날 수 있다. 이는 손님에 대한 예의로, 그래야 여독이 풀려 제정신

말린 정향과 육두구.

을 차릴 수 있기 때문이라고 한다. 우리 일행 역시 3일 뒤 술탄
을 만났다.

자와에서 15일 동안 머물고 술탄에게 떠날 때가 되었으니 떠
나게 해 달라고 청했다. 그러자 술탄은 우리를 위해 준크 한 척
과 식량을 마련해 주고, 그의 신하를 시켜 그의 하사품을 배까
지 날라 주었다. 우리는 그의 관할지역에서 21일이나 항해하고
서야 물 자와(오늘날 말레이 반도, 혹은 자바 섬)에 도착했다.

물 자와는 이교도 지역으로 길이가 2개월 거리나 된다. 이곳
에는 여러 가지 향신료와 질 좋은 침향이 있다. 자와에도 유향
과 녹나무 정향과 침향이 있지만 물 자와에서는 이런 것들이 다
량으로 생산된다. 특히 내 고향인 마그리브까지 수출되는 정향

나무 줄기는 이곳에선 무척이나 흔해서 주인이 따로 없을 정도다. 침향은 마그리브의 땔감과 값이 비슷하거나 오히려 더 싼 편이다.

물 자와의 카쿨라 항에는 해적질과 자신들에게 불복하는 선박을 공격하는 것을 일삼는 배가 여러 척 있었다. 도시는 성벽으로 둘러싸여 있는데, 벽의 너비는 코끼리 세 마리가 동시에 걸어갈 수 있을 정도로 넓었다. 이곳의 코끼리는 직접 타기도 하고, 짐을 나르기도 한다. 집집마다 문 앞에 코끼리를 매어 놓는데, 상점 주인들도 점포 앞에 코끼리를 매어 놓았다가 집에 갈 때 타고 간다. 중국과 거란 사람들도 이런 식이었다.

물 자와의 술탄은 이교도다. 그는 늘 바닥에 앉아 지내는데, 앉아 있는 바닥에는 주단이라곤 찾아볼 수가 없었다. 하루는 술탄이 나를 초대했는데, 나를 환영하면서 천을 깔고 그 위에 앉도록 했다. 나는 통역에게 "술탄께서 맨바닥에 앉아 계시는데 제가 감히 어찌 천을 깔고 앉겠습니까"라고 사양했더니, 통역사는 "술탄께서는 겸손하다 보니 맨바닥에 앉으시는 것이 몸에 배었습니다. 당신은 위대한 술탄이 보내신 손님입니다. 그러니 당연히 환대받아야 합니다"라고 말하여, 나는 하는 수 없이 천 위에 앉았다. 술탄은 인도 술탄에 대해 묻고는 내빈으로 3일간 있으라 해서 술탄의 호의를 받으며 머물렀다.

우리는 물 자와를 떠나 34일 만에 카힐 해에 이르렀다. 바닷물이 다른 곳과 달리 불그스레해서 이유를 물었더니 주변의 토

질 때문이라고 한다. 넓은 바다에 바람 한 점, 파도 하나 없이 평온하다. 바다의 이런 특징 때문에 중국 선박은 배마다 다른 배 3척을 달고 다닌다. 어떤 배는 노를 젓고, 어떤 배는 그저 끌려간다. 선박에는 돛대 같은 노가 20개쯤 있는데, 노마다 약 30명씩 노꾼들이 모여 있다. 노꾼들은 두 줄로 서서 서로 마주 보고 낭랑한 목소리로 노래를 주고받으며 노를 젓는다. 우리 일행은 이 바다에서 37일을 보냈다.

평화로운 순항 끝에 정박한 곳은 탸왈리시시(오늘날 필리핀 술루제도)의 한 부두다. 이곳 왕의 이름도 탸왈리시인데, 왕은 중국 왕과 맞수 관계에 있었다. 그는 자신이 갖고 있는 많은 선박을 이용해 중국인들과 대적하고 있었다. 이들은 서로 싸우다가도 모종의 화해에 이르기도 한다. 여기 사람들은 우상을 숭배하고, 외모는 투르크 인과 비슷하다. 피부색은 대체로 불그스레하며 용감하고 대담하다. 여자들은 말을 타고 활을 쏘며 남자와 똑같이 전투에 참가한다.

카일루카리의 한 부두에 도착했더니 그곳의 시장은 공주였다. 그녀는 아랍 문자를 쓸 줄 알아 나와 글로 이야기를 나누었다. 특히 인도에 관해 여러 가지를 묻기에 나는 아는 대로 대답했다. 그러자 그녀는 "나는 꼭 그곳을 점령해서 내 소유로 만들 겁니다. 그곳에 있는 재화와 군사가 퍽 내 마음에 듭니다"라고 말했다. 이에 나는 "어서 그렇게 하십시오"라고 응수했다. 그녀는 사람을 시켜 많은 천과 쌀, 물소 두 마리, 산양 10마리, 감로

수, 생강, 후추, 레몬, 망고절임 등을 보내왔다. 절임 식품은 항해하는 데 꼭 필요한 식량이다.

선주의 말에 따르면, 공주의 군사 중에는 부녀자와 시녀, 시비들이 있는데 그녀들도 남자들과 똑같이 싸우고, 공주는 남녀 군사를 인솔해 전투에 직접 참가하고 교전까지도 불사한다고 한다.

우리 일행은 퇏왈리시 지방을 떠난 뒤 바람의 도움을 얻어 최대 항속으로 순조롭게 항해했다. 그리고 퇏왈리시를 출발한 지 17일 만에 드디어 중국에 도착했다.

11

세계에서 가장 풍족한 나라

중국(1345~1347)

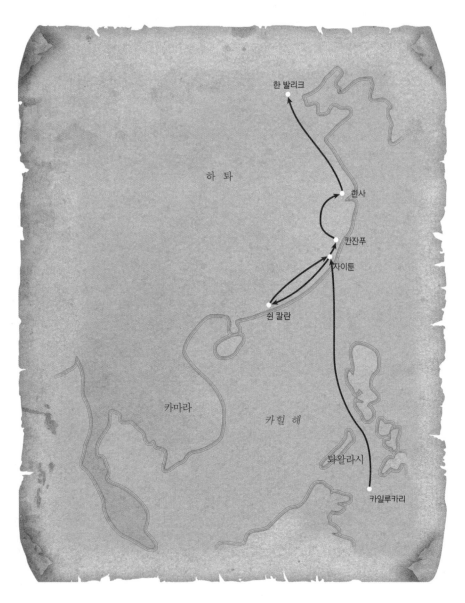

자이툰에서 한 발리크까지.

내가 본 중국은 지구의 그 어느 지역과도 비교할 수 없이 넓고 모든 것이 풍족한 곳이다. 생활은 풍족해 보였으나 이교도들의 삶은 다소 생소했다.

중국 내부는 아부 하야 강, 즉 생명의 물이라고 하는 강이 가로지르고 있다. 이 강은 원숭이 산이라는 뜻의 '쿠흐 부자나'에서 시작해서 6개월 걸려서야 중국의 끝부분인 쉬눗 쉰(오늘날 중국 광둥)에 이른다[사실 이것은 양쯔강으로부터 발리크(오늘날 중국 베이징)까지 이어지는 대운하인데 이븐 바투타가 강으로 착각한 듯하다]. 이 강 양쪽 강가에는 이집트의 나일 강과 비슷하게 숱한 마을과 밭, 그리고 화원과 수차들이 있다. 또한 다마스쿠스나 오스만의 자두가 유일무이하다고 생각했으나 그보다 나은 자두를 맛보았으며, 설탕도 이집트 산보다 더 질이 좋았다. 이렇듯 중국의 과일 등 각종 산물은 내 고향 마그리브 못지않거나 그보다 더 우수했다.

중국은 모든 지방에서 사람마다 과수원과 땅을 소유하여 그 한가운데 집을 짓고 산다. 그 광경은 모로코의 시질마사(모로코 남부 도시)와 비슷한데, 중국은 이런 식으로 강성해졌다.

중국인들은 우상을 숭배하는 이교도들로, 인도인들처럼 시체를 화장한다. 그들은 돼지고기와 개고기를 먹으며 풍족한 생활을 한다. 하지만 먹고 입는 데는 별로 신경 쓰지 않는다. 재력가인 거상도 거친 면으로 만든 겉옷을 아무렇지 않게 입는다. 그도 그럴 것이 중국에선 면 옷의 가치가 높다. 비단옷 몇 벌과 바꿀 정도로 오히려 비단은 대단히 흔하다.

중국의 도기는 유명하여 내 고향까지 수출될 정도로 훌륭했다. 도기의 재료는 자이툰(오늘날 중국 취안저우)과 쉰 칼란(오늘날 중국 광저우) 지역의 산중에 있는 흙을 파서 숯처럼 불을 지펴 구워서 만든다.

중국에는 도시마다 무슬림들만 거주하는 특정 구역이 따로 있으며, 그곳에는 집단으로 예배를 드리는 사원들도 있었다. 무슬림들은 지역에서 존경을 받았다. 무슬림 상인은 중국에서 이동할 때 이미 정착한 무슬림 상인 집이나 여인숙에 투숙하는 것이 좋다. 이때 투숙하면서 갖고 있던 돈을 주인에게 맡기면, 주인은 손님을 위해 그 돈을 적절하게 사용했다가 손님이 떠날 때 돌려준다. 물론 조금이라도 손실이 있으면 돈을 보관했던 주인이 변상해 준다.

중국 사람들은 솜씨가 섬세하고 정교하다. 특히 초상화 면에선 룸이나 여타 다른 지역과도 비교가 안 될 정도로 뛰어났다. 한번은 내가 이라크식 복장을 하고 동료들과 술탄의 왕도를 찾았다. 궁전에 들어갔다 나오니 그사이에 나와 동료들의 초상이 벽에 붙어 있었는데, 어느 한 곳 틀린 데 없이 신통하게도 똑같았다. 알고 보니 우리가 궁에 들어왔을 때 술탄이 화가들을 시켜 일행의 초상을 그리도록 한 것이었다. 낯선 이의 초상을 그리는 것은 일종의 그들의 관행이었다. 그러다 보니 외지인이 도망을 쳐도 그의 초상화를 각지에 보내 수색하면 도망간 인물을 곧바로 잡을 수 있었다.

중국은 여행자들이 가장 안전하게 여행할 수 있는 곳이다. 홀로 거금을 지니고 다녀도 걱정이 없다. 그 이유는 여행 질서가 잘 갖춰져 있기 때문이다. 중국 전역의 모든 역참엔 여인숙이 있는데, 해가 지면 관리자가 전체 투숙객의 이름을 등록하고 확인도장을 찍은 뒤 여인숙 문을 닫는다. 다음 날 아침, 날이 밝으면 관리자가 일일이 투숙객을 확인하고 상황을 기록한다. 그러고선 사람을 파견해 다음 역참까지 안내하기 때문에 여행객들이 안전할 수밖에 없다.

우리가 도착한 중국의 첫 도시는 자이툰이다. 아랍 어로 자이툰은 올리브나무인데, 정작 자이툰뿐만 아니라 중국과 인도 어디에도 올리브나무는 없다. 나는 자이툰이 세계에서 가장 큰 항

취안저우의 청진사가 있던 이슬람 사원 터.

구라고 자신 있게 말할 수 있다. 이곳에서 1백 척이 넘는 대형
준크를 보았는데, 소형 준크는 그 수를 헤아릴 수도 없이 많았
다. 또한 자이툰은 비단의 생산지로 잘 알려져 있는데, 비단의
품질은 한사(오늘날 항저우)나 한 발리크보다 우수했다.

　자이툰에서 나와 같은 무슬림들은 특정 구역에서 살았다. 우
리가 도착한 날 그곳에서, 일찍이 예물을 갖고 인도를 출발했던
한 아미르를 만났다. 그는 우리 일행과 동행했으나 그 배가 침
몰하면서 그만이 무사히 구출되어 중국에 오게 된 것이다. 나는
그가 마련한 거처에서 지냈는데, 무슬림들이 이교도 지역에서
살고 있어선지 '이슬람 땅에서 왔다'면 더없이 반가워한다. 이
렇게 새로 온 무슬림은 사람들이 보태 주는 자카트(종교기부금: 여

행객들에게 주는 희사금도 포함됨)만 받아도 부자가 되어 고향에 갈 정도였다.

나는 인도 왕의 사신으로서 중국의 술탄에게 만나자고 요청했다. 그런 뒤 술탄으로부터 회신을 받을 때까지 주변 지역을 돌아보았다. 먼저, 전함 비슷한 배를 타고 강을 따라 17일간 항해한 끝에 쉰 칼란에 도착했다.

쉰 칼란은 두 바다가 합류하는 곳으로 시가가 대단히 아름다웠다. 이곳으로부터 중국 도기가 중국은 물론 인도 ,예멘 등지로 실려 간다. 도시 중앙엔 사원이 있는데, 그곳에서는 생계를 유지할 수 없는 노인이나, 고아, 과부들에게 생활비와 옷을 제공한다고 한다.

이 도시에도 한쪽에 무슬림 거주 지역이 있다. 그곳에는 대사원과 자위야, 시장 등이 있으며, 법관과 샤이흐도 한 명씩 배치되어 있다. 중국 내 무슬림 지역엔 반드시 이슬람 샤이흐가 있어 무슬림과 관련된 업무를 관장하고, 법관은 무슬림 사이에 벌어지는 송사를 판결한다. 나는 어느 자산가의 집에 14일을 머물렀는데, 그곳에서 200살이 넘은 노인이 식음을 전폐하며 수행하고 있다는 소식을 듣고 그를 만나러 찾아갔다.

그는 쉰 칼란 교외의 동굴에 거주하며 수행하고 있었다. 몸집은 갸름하나 혈색이 좋아 수행하는 흔적이 역력했다. 내가 인사를 하자 그는 내 손을 잡고 냄새를 맡더니 통역에게 "우리가 세상의 다른 한 끝에 있는 것처럼, 이분은 세상의 다른 한 끝에서

광저우 회성사(중국에서 가장 오래된 이슬람 사원) 백색 미어잔
(첨탑). 당나라 때 아라비아 상인들에 의해 세워진 이슬람
사원. 현재의 건물은 최근 복원한 것이다.

왔군요" 하는 것이었다. 그러고서 내게 "당신은 일찍이 이상야
릇한 일 한 가지를 겪었지요. 당신은 교회당이 있는 한 섬에 간
일을 기억하지요? 그때 우상들 사이에 있던 웬 사람이 당신에
게 금화 10디나르를 주었지요"라고 말하는 것이 아닌가. 그래서
내가 "네, 그렇습니다"라고 대답했더니, 그는 "내가 바로 그 사
람이오"라고 자기를 소개했다. 나는 그의 손에 입을 맞추었다.

그러고선 그는 잠시 생각에 잠겼다가 휑하니 동굴 속으로 들

어가더니 다시는 나오지 않았다. 일행이 그를 찾으러 동굴 안으로 들어갔지만 그를 더 이상 보지 못했다. 그러자 동굴 안에 있던 그의 동료가 말했다. "10년이 지나도 그를 볼 수 없을 겁니다. 그의 관행으로는 그가 누구에게 자신의 비밀을 발설했을 경우 그 사람은 영영 그를 볼 수 없었습니다. 그러나 그가 당신 곁을 떠났다 생각지 마십시오. 그는 늘 당신과 함께 있으니까요."

나는 신기한 마음을 안고 그 노인을 만난 다음 날, 자이툰으로 돌아왔다. 내가 자이툰에 도착한 뒤 며칠이 지나 칸으로부터 나를 환영한다는 내용의 회신을 받았다. 원한다면 육로로든, 강으로든 한 발리크로 오라고 했다. 나는 강을 택했다. 자이툰에서 열흘 만에 광활한 평야가 있는 칸잔푸(오늘날 중국 저장 상류의 장산 현으로 추측)에 도착했다. 우리 일행은 나팔과 북, 깃발이 동원된 열렬한 환영을 받았다.

칸잔푸에 머무는 동안 존경받는 한 법학자가 큰 배를 타고 와 나를 만나고 싶어 했다. 그의 이름은 쿠와뭇 딘 앗 사브티시였다. 그의 이름에 호기심이 일었던 나는 그를 막상 만나자 어딘가 낯이 익어 보였다.

알고 보니 내 고향 탄자와 멀지 않은 사브타 지역 사람이었다. 인도에서 만난 적도 있었다. 그는 부슈리로, 당시 외삼촌을 따라 인도에 왔었다. 그때는 수염 하나 없는 학문을 좋아하는 젊은이였고, 나는 인도 술탄에게 그를 소개했었다. 술탄은 그에게 인도에 남을 것을 권했지만 그는 사양하고 그가 원래 가고 싶어 했던 중국으로 떠났다. 그 후 그는 중국에 와서 종복 50여 명과 그와 비슷한 계집종을 거느리는 거부가 되었다.

나와 그의 인연은 여기서 그치지 않았다. 내가 고향에 돌아간 뒤 찾았던 수단에서 나는 부슈리의 또 다른 형제 한 명을 만났다. 두 형제가 세상의 양끝에서 살고 있었다.

중국은 물자가 풍족하고 아름다웠지만 내 마음에는 들지 않았다. 이교도의 풍조가 어찌나 강한지 집만 나서면 비행이 눈에 띄어 나를 불안하게 했다. 그래서 나는 필요한 일이 있을 때를 빼고는 집에만 틀어박혀 있었다. 그렇게 칸잔푸에서 15일을 머문 뒤 다시 배를 타고 17일 걸려 한사에 도착했다.

한사는 내가 본 도시 중에 가장 큰 도시였다. 길이만도 3일 거리로 시내 관광을 하려면 도중에 숙박을 해야 할 정도였다. 도시에는 중국식 건축양식의 건물들이 서 있었다. 한사는 6개 소도시로 이루어졌는데, 도시마다 담장이 쳐져 있고 전 도시를 하나로 에워싼 성벽도 있었다.

첫 도시엔 위수병과 위수사령관이 거주한다. 유대 인의 문이라는 성문을 통과하면 제2도시가 나오는데, 이곳에는 유대 인, 기독교인, 그리고 태양을 숭배하는 투르크 인들이 살았다. 단, 수장은 중국인이다. 제3의 도시엔 무슬림이 살았다. 이곳은 다른 무슬림 지역처럼 잘 정돈되었고, 사원이 많았으며, 예배시간을 알리는 사람들이 살았다. 나와 일행은 이곳에서 15일을 머문 뒤 제4도시로 들어섰다.

항저우의 시후(西湖).

제4도시는 한사 시청 소재지로 대아미르 쿠르톼의 저택이 있었다. 아미르는 바로 현인 잘랄룻 딘 앗 쉬라지가 내게 준 겉옷을 가져간 사람이다. 아미르 쿠르톼는 우리를 초대해서 연회도 베풀어 주고 3일간 대접을 해 주었다. 또한 그는 아들을 파견해 일행과 함께 운하를 유람하도록 했다.

우리 일행이 탄 배는 화선으로 기름 방망이에 불을 붙여 적의 배에 던지는 옛날 전함의 일종이다. 아미르의 아들은 다른 배를 탔는데, 그곳에는 가수와 악사들이 함께했다. 배에서 평소 페르시아 노래를 즐긴다는 그가 페르시아 어로 시 한 수를 노래했다.

솟구치는 격정 누를 길 없는 이내 마음,

마냥 대양의 파도 속에 잠겼어라.

허나 일편단심 변함없는 그 마음,

내 온갖 고달픔 잊게 하노라.

다음 날 우리 일행은 제5도시를 방문했다. 한사의 6개 도시 중 가장 큰 도시로, 서민들이 살고 있었다. 제6소도시에는 선원, 어민, 궁수, 목수 등이 사는데, 모두가 술탄의 노예들이었다.

우리는 여섯 도시를 돌아보며 융숭한 접대를 받고 하퇴 지방(중국의 북방 지역을 가리키는 말)에 들어섰다. 하퇴는 이 세상에서 건물이 가장 아름다운 고장이다. 어디를 봐도 황무지는 눈에 띄지 않았다. 만약 땅을 묵히면 주인이 문책당하거나 지세를 납부해야 하기 때문이다. 하퇴 지방에는 무슬림이 한 명도 없었다. 그래서 그곳에는 묵을 만한 집도 없기 때문에 가끔 지나쳐 가는 과객만 있다고 한다.

한사에서 한 발리크까지는 64일 거리다. 일행은 사전에 입항 허락을 받아 관례대로 그곳에서 16킬로미터 떨어진 곳(오늘날 중국 통저우쯤 추정)에 정박했다.

중국의 왕은 틴키즈 칸(칭기즈칸)의 후예인 몽골 인이다. 칸은 왕권을 장악한 사람을 이르는 칭호다. 그의 영지는 중국과 하퇴 지방을 두루 망라하고 있다. 지구상에서 이교도치고 중국의 칸만큼 넓은 영토를 소유한 사람은 없을 것이다. 칸의 궁전은 도시 중심에 있는데, 그곳에 그만의 저택이 있다. 궁전은 대부분 목조 구조물로 신기한 양식을 취하고 있다. 수도인 한 발리크에 도착했을 때 칸은 그곳에 없었다. 그는 하톼 지방의 카라쿠(카라코룸)과 비시 발리그(오늘날 중국 신장, 우루무치 동편)에서 일어난 반란군을 물리치러 출정해 있었다. 수도에서 그곳까지는 3개월 거리다.

칸이 출정하자 아미르들은 대부분 그를 배반하고 폐위시키기로 합의했다. 아미르들은 칸에게 서한으로 하야를 권고하고 한사를 새 도읍으로 정하겠다고 했다. 그러나 칸은 거절하고 그들과 일전을 벌였으나 결국 패하고 말았다. 우리 일행이 수도로 들어오고 얼마 뒤 그가 싸움터에서 죽었다는 소식이 전해졌다.

중국의 장례 풍습은 특이했다. 칸이 패한 소식이 들려온 뒤 수도는 화려하게 단장되었다. 도시에는 트럼펫과 나팔, 북소리 등이 울려 퍼지며 갖가지 놀이와 오락이 한 달간이나 지속되었다. 그리고 마침내 칸의 시신이 운구되어 오자 칸을 위해 대형 지하능이 축조되기 시작했다. 바닥엔 화려한 주단을 깔고, 칸이 생전에 쓰던 무기와 금은제 그릇들이 함께 매장되었고, 생전에 그를 모시던 노비와 말도 순장되었다. 인도나 중국 사람은 시체를 화장하고, 여타 민족들은 매장을 하지만 어디에도 순장하는 일은 없어 특이했다. 능에 문을 만들어 놓았지만 흙을 덮었기 때문에 마치 언덕처럼 되어 버렸다.

칸의 장례식에는 무슬림이건 이교도건 남녀노소 할 것 없이 행사에 빠지지 않았다. 모두 상복을 입었는데, 이교도들은 흰 케이프를, 무슬림들은 흰 겉옷을 입었다. 칸의 하툰과 신하들은 능 옆에 막을 쳐 놓고 그 안에서 40일간을 지낸다. 어떤 사람들은 1년까지도 지낸다고 한다. 능 근처엔 시장까지 생겨 음식물 등 필요한 것을 팔았다.

중국 속의 무슬림

이븐 바투타는 자신이 한 발리크에 도착한 시기를 1347년경 원 제국의 마지막 황제인 순제 시대로 밝히고 있다. 또한 그는 여행기에서 순제가 사망한 것으로 기술했다. 그러나 역사에서 원 제국의 마지막 황제인 순제는 이븐 바투타가 언급한 전투에서 전사한 것이 아니라 도망쳤으며, 1371년 응창부에서 사망한 것으로 전해진다. 그리고 카라쿠룸으로 천도한 것 역시 이븐 바투타가 중국을 떠나고 20여 년 뒤의 일로 기록되어 있다. 연대나 내용에 다소 차이가 있으나 이븐 바투타는 여행기에서 기술한 대로 14세기 중국에 대한 인상이 좋지 않았던 것은 사실이다. 무슬림으로서 중국의 정서가 이해되지 않았던 것으로 이해된다.

중국에 정착한 최초의 무슬림은 내륙 아시아에서 건너간 아랍인 병사와 8세기 광저우에 정착한 무슬림 상인으로 알려져 있다. 육로와 해로를 통한 무슬림 상인들의 활동으로 무슬림 수는 점차 늘어났고, 무슬림들은 중국 내에서 정착민이 되었지만 무슬림 지배자의 백성으로 간주되어 치외법권을 인정받았다.

몽골 인의 정복과 원 나라(1271~1368)의 건국으로 무슬림 인구는 더욱 늘어났다. 특히 중국과 내륙 아시아의 무역을 장려하면서 북서부 중국뿐만 아니라 남서부 중국과 윈난에서도 무슬림들이 정착했다. 무슬림이 증가하자 원은 무슬림을 행정관이나 징세관 같은 일부 관직에 등용했다. 무슬림들은 정착한 도시의 특정 구역에서 샤이흐와 법관의 지도하에 독자적으로 생활할 수 있었으며, 마스지드와 시장도 갖추고 생활할 수 있었다. 명조 시대엔 천문학자, 역관, 급체부, 관원, 카라반(대상) 등 다양한 신분으로 황제에게 봉사하기도 했다. 중국에서는 중국인 무슬림을 후이 족이라 부르는데, 복식이나 언어 예절 등 외형적인 면에서는 여느 중국인과 차이가 없으나 예배의식, 아랍 어 이름, 공동의 귀속감을 기반으로 내면적으론 무슬림 정체성을 간직하고 있다.

12

마그리브로 돌아오다

중국에서 모로코까지 귀향길(1347~1349)

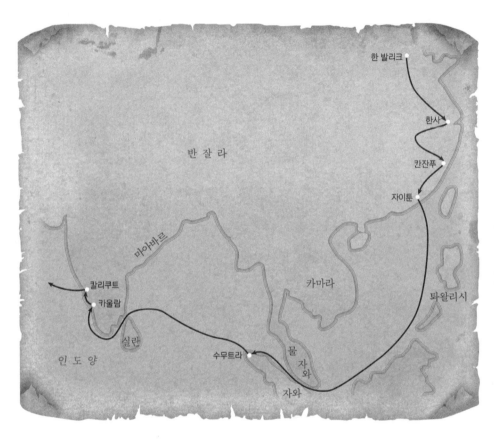

고향으로 돌아오는 길(1).

칸이 죽은 뒤 중국 내부의 분쟁은 심해졌다. 사람들은 소요가 커지기 전에 내게 남쪽으로 돌아가라고 했다. 결국 우리 일행은 한사, 칸잔푸를 거쳐 자이툰으로 돌아왔다. 자이툰에서는 벌써 배 여러 척이 인도로 떠날 채비를 하고 있었다. 그중에 나를 알아본 무슬림 인 배가 있어서 나는 그 배를 타고 중국을 떠났다.

내가 탄 배는 순풍을 만나 순조롭게 항해했다. 그런데 타월리시 지방이 가까워지자 바람의 방향이 급변했다. 하늘엔 먹구름이 뒤덮이고, 큰비가 쏟아졌다. 일행은 햇빛을 보지 못한 채 망망대해를 10일간이나 떠다녔다. 사람들은 겁이 나 중국으로 다시 가자고도 하고 우왕좌왕이었다. 그렇게 42일을 보냈다.

43일째 되던 날, 바다 저 멀리 30킬로미터 정도 되는 거리에 산 하나가 떠올랐다. 바람은 배를 산 쪽으로 몰고 갔다. 선원들은 바다 한가운데 산이 있을 수 없다며 구원을 빌며 불안해했다. 이윽고 해가 뜰 때 바람은 멈추었지만, 산은 공중에 떠 있는 것이 아닌가. 일행들은 신기해했지만, 선원들은 서로 부둥켜안으며 작별인사를 했다. 이유인즉 그것은 산이 아니라 룻흐(하루에 9만 리를 난다는, 신화에 나오는 상상 속의 거대한 새)라는 큰 새로, 룻흐는 사람을 보면 잡아먹는다고 했다. 하지만 때마침 바람이 불어와 우리가 탄 배는 거대한 새를 피해 갔고, 나는 결국 거대한 새의 실상을 알아낼 수 없었다.

다시 두 달을 더 항해한 끝에 우리는 자와에 도착해 수무트라에 내려서 2달 동안 머문 뒤 고향으로 향했다. 그리고 수무트라를 떠난 지 40일 만에 카울람에 도착한 우리는 그곳에서 금식월을 지낸 뒤 칼리쿠트로 갔다. 그 후 나는 델리에 돌아가고 싶었으나 술탄을 보기가 두려워져 바로 바닷길을 따라 길을 떠나 28일 만에 좌파르에 도착했다. 이때가 1347년(이슬람력 748년 1월)이다.

좌파르에서 해로로 호르무즈 관할인 쿠랏야트, 샷바, 칼바 항을 지나쳐 호르무즈에 도착해 3일간 머문 뒤 육로로 들어섰다. 육로의 도시들은 이미 내가 지나친 도시들이었다. 라르, 훈즈발, 그리고 바사를 거쳐 시라즈에 체류한 뒤 다시 야즈드 하스와 아스파한을 지나 바스라에 닿았다. 바스라에서는 성인들의 묘소를 참배하고 쿠파로 향했다.

쿠파에서 솨르솨르를 거쳐 마침내 1348년(이슬람력 748년 10월) 바그다드에 도착했다. 다시 이라크의 유프라테스 강가의 도시

안바르에서 나는 강가를 따라서 히트와 하디사를 거쳐 또 다른 강가 도시 중 하나인 아나에 도착했다. 아나는 강가를 따라 펼쳐진 풍경이 중국과 비슷해서 마치 중국에 온 듯했다. 그만큼 아나는 대단히 아름답고 비옥하며 길가에는 건물들이 즐비해 마치 어느 화려한 시장 속을 걸어가는 기분이 들었다. 이어서 샴 지역의 첫 관문인 라흐바를 지나 이교도 기독교들이 사는 수호나에 이르렀다. '수호나'는 물이 뜨겁다는 데서 유래한 이름으로 여기에는 남녀별 욕탕이 여러 개 있었는데, 밤이면 물을 길어다가 평대에 놓고 식히는 모습을 볼 수 있었다.

다시 타드무르를 거쳐 길을 떠난 지 꼭 20년 만에 샴의 다마스쿠스에 도착했다. 나는 이곳에 임신한 처를 남겨두고 떠났었는데, 인도에 있을 때 사내아이가 태어났다는 소식을 들었다. 그때, 애 엄마의 할아버지에게 금화를 보냈었다. 다마스쿠스에 오자마자 나는 온 정신을 쏟아 아들을 찾았다. 그러나 결국 12년 전에 아들이 죽었다는 가슴 아픈 소식을 들었다. 때마침 고향에서 온 법학자가 있다기에 한걸음에 달려가 가족 소식을 물으니, 부친은 15년 전에 돌아가셨고 어머니만 살아 계신다고 했다. 나는 당장 가족에게 돌아가고픈 마음을 안고 그해를 다마스쿠스에서 보냈다.

이듬해에 다마스쿠스를 떠나 할라브에 도착했다. 1348년(이슬람력 749년 3월), 우리가 할라브에 있을 때 가자에 페스트(흑사병)˚가 발생했다는 소식을 접했다. 하루에 1천 명 넘게 죽는다는 소

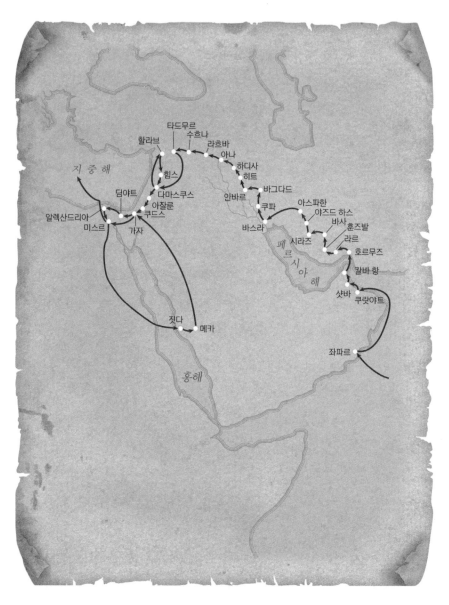

고향으로 돌아오는 길(2).

리에, 나는 다마스쿠스 북쪽에 있는 힘스로 갔다. 그러나 그 지역도 이미 페스트가 창궐하여 다시 다마스쿠스로 돌아와야 했다. 하지만 다마스쿠스도 다른 도시와 똑같았다. 한고비를 넘겼는데도 하루에 2,400여 명이나 죽어 나갔다. 나는 다시 가자로 가기 위해 아잘룬을 지나 쿠드스(오늘날 이스라엘 예루살렘)로 갔다.

쿠드스에서 만난 어느 이집트의 유명한 설교사는 나를 비롯해 사람들을 초대해 향연을 베풀었다. 향연을 베푼 이유인즉 페스트가 한창일 때 망자를 위해 기도할 일이 없게 되면 꼭 한번 향연을 베풀겠노라 약속한 바 있는데 다행히도 바로 전날 망자를 위한 기도가 없었다고 했다. 페스트는 이렇게 쿠드스 지역을 휩쓸고 지나갔다.

쿠드스 다음으로 찾아간 가자는 사람이 너무 많이 죽어 시가지가 텅 빈 것처럼 느껴질 정도였다. 심할 때는 하루에 1100명이나 죽었다고 하는데, 기록을 하는 사관도 원래 80명이었으나 살아남은 사람은 불과 4분의 1밖에 되지 않는다고 했다. 그러면서 페스트는 점차 기세가 꺾여 갔다.

우리 일행은 육로로 딤야트를 지나 알렉산드리아에 도착했다. 하루에 1,080명의 사망자를 냈던 페스트는 기세가 한풀 꺾여 있었다. 나는 미스르로 갔다. 페스트가 한창 기승을 부렸을 때 미스르의 하루 사망자는 무려 2만 1천 명에 달했다고 한다. 그 사망자 안에는 일찍이 나와 안면이 있던 샤이흐들도 포함되어 있어서 나는 애석한 마음이 들었다.

나는 미스르를 떠나 배를 타고 짓다를 지나 1348년(이슬람력 749년) 또다시 메카에 도착했다. 집을 떠난 뒤 네 번째 찾은 메카였다. 그리고 나는 그해 다시 성지를 순례했다.

성지순례를 마치고 다시 미스르로 돌아온 나는 모로코의 주공인 아부 알 하산에 관한 소식을 들었다. 불현듯 고향과 가족, 친구들에 대한 그리움이 밀려들었다. 그래서 내 몸에 호신부를 걸어 준 곳, 처음으로 나의 살갗이 닿은 땅, 고향으로 돌아가기로 결심했다.

1349년 4월(이슬람력 750년 2월), 나는 튀지니 인의 배를 타고 바닷길을 통해 고향으로 향했다. 자르바와 카비스, 불야나까지 자그마한 배로 이동하고, 그다음부터는 육로를 따라 이동한 끝에 투니스에 도착했다.

투니스에서 친척이며 동향인 핫즈 아부 알 하산 앗 나미시의 집에서 머물면서 주공인 아부 알 하산을 알현하러 갔다. 아부 알 하산은 내가 고향을 떠날 때의 군주였던 아부 사이드의 아들이다. 당시 성보에서 전장을 시찰하고 있었다. 내가 투니스에 머무는 36일 동안 아부 알 하산은 수시로 나를 불러 인도 왕을 비롯해 여행에 대해 이야기를 많이 나누었다.

나는 투니스에서 룸 인들이 차지하고 있는 사르다니야 섬에서 두 달을 금식하며 머물다 빠져나와 타나스에 도착했다. 타나스에서 타자에 이르렀을 때 나는 어머니가 페스트로 돌아가셨다는 비보를 들었다.

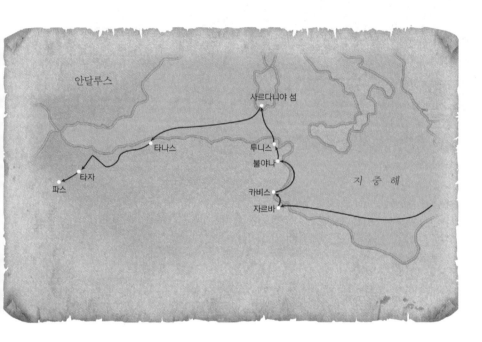

고향으로 돌아오는 길(3).

페스의 염색공장.

　나는 타자를 출발해 1349년 11월(750년 8월) 말 금요일 마침내
왕도 파스(오늘날 모로코 페스)에 도착했다. 이곳에서 다시 아부 알
하산을 알현하면서 이제는 여행 지팡이를 던져 버리기로 작심
했다. 과일이 풍부하고, 물과 식량을 어렵지 않게 얻을 수 있는
이 나라야말로 가장 훌륭한 곳임을 확인했기 때문이다. 양고기
나 채소, 과일 등은 샴이나 이집트에 비해 싸다. 또한 버터기름
이나 우유, 꿀 같은 것들이 어떤 나라에는 있고 어느 곳에는 없
는 것을 고려해 볼 때, 마그리브에서는 모두 생산된다는 점에서
나는 내 고장이야말로 가장 물가가 싸고 자원도 풍부하다고 자
부한다.

14세기 사람들을 공포에 빠트린 페스트

14세기 페스트는 온 세계를 죽음의 도가니로 몰고 갔다. 페스트가 이렇게 학산된 데는 14세기 몽골 제국의 확장에도 원인이 있다. 몽골 제국의 형성으로 동서양을 연결하는 교통로가 활성화되면서 양 지역 간의 문물교류도 확대되었지만 교류가 잦은 만큼 페스트와 같은 전염병도 쉽게 널리 전파되었다.

중세 시기, 페스트가 유럽에 막대한 피해를 입힌 것은 익히 알려져 있다. 하물며 유럽과 동아시아를 잇는 교역로 한가운데 있던 중동과 이슬람 지역도 비켜갈 수 없었다. 중동의 경우 당시 유럽에 비해 비교적 의학이 발달한 편이었음에도 페스트 앞에서 속수무책이었다.

이븐 바투타가 목격한 대로 이집트 경우 1347년에서 1349년까지 전체 인구의 3분의 1이 사망했다고 한다. 중동에서 이집트의 타격이 심했던 까닭은 지중해와 페르시아 만을 통한 인도 지역과 모두 접해 있어 교류가 많아 전염병의 위험에 더 쉽게 노출되었기 때문이라고 학자들은 분석한다. 또 전염병을 통해 살펴본 인류 역사서적인 『전염병과 인류의 역사』에서는 이집트를 지배했던 맘루크 왕조에 원인을 두기도 한다. 맘루크 왕조는 주요 요직을 맘루크 출신에게만 맡겼는데, 그 노예 군인들을 원활하게 공급하기 위해서 페스트가 처음 발병했던 흑해 연안과 오랫동안 접촉해 왔던 까닭에 전염병 발병을 막을 수 없었다고 한다.

페스트로 피해가 막대한 이집트 맘루크 왕조는 그 후 차츰 세력이 약화되어 결국 오스만 투르크에 중동의 주도권을 빼앗기게 될 뿐만 아니라 결국 무역에서도 포르투갈, 인도 등에 뒤처지면서 서서히 역사 속으로 사라지게 된다.

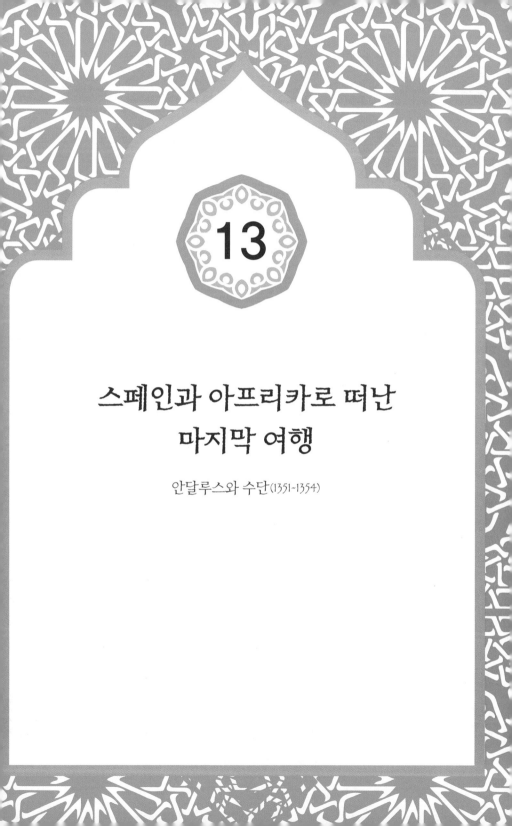

13

스페인과 아프리카로 떠난
마지막 여행

안달루스와 수단(1351~1354)

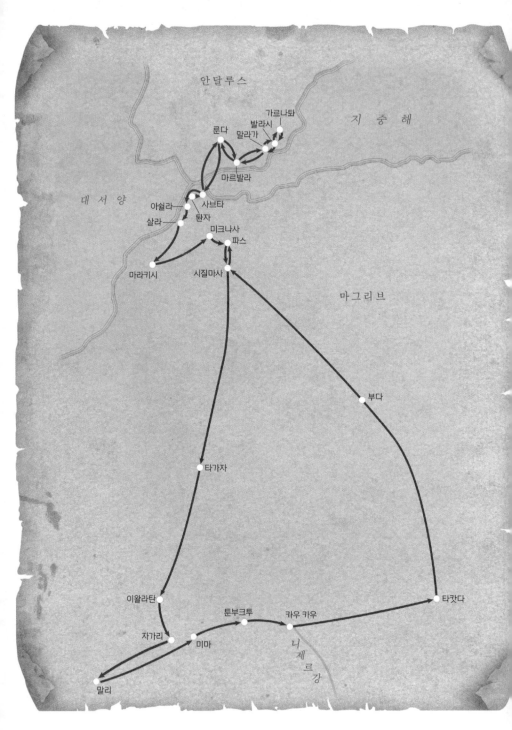

스페인과 아프리카 지역 여행 경로.

고향에 돌아온 나는 퇀자에 가서 어머니 묘소에 참배하고 사브타로 가서 여러 달을 머물면서 몸을 추슬렀다. 몸이 회복되자 나는 작은 힘이나마 이슬람과 스페인의 전쟁에 보탬이 되고자 안달루스 지방°(오늘날 스페인 지역)으로 향했다.

내가 스페인으로 건너가 처음 본 곳은 정복의 산(자바룰 피트흐. 오늘날 스페인 지브롤터)이다. 나는 정복의 산에 만든 구조물과 시설들을 돌아본 뒤 룬다와 마르발라를 거쳐서 말라가에 도착했다.

말라가는 수륙 이용시설을 두루 갖춘 고장으로, 과실도 싸고 맛있었는데, 특히 석류는 세상 그 어디서도 찾아볼 수 없을 정도였다. 또한 무화과와 감복숭아는 마그리브까지 수출된다. 말라가를 떠나 온천이 있는 발라시를 지나쳐 가르나퇀(오늘날 스페인 그라나다)에 도착했다. 이곳은 도시들의 신부라고 불리는 별칭

지브롤터 산 위에서 내려다본 지브롤터 해협.

처럼 교외 지역은 세계 그 어느 나라에서도 찾아볼 수 없을 정
도로 아름다웠다. 둘레가 약 65킬로미터나 되는 교외에는 유명
한 샤닐 강과 기타 여러 강이 줄줄이 흐르고, 과수원과 화원, 목
장과 궁전, 포도원이 도시를 에워싸고 있었다. 가장 흥미로운
곳은 '눈물의 샘'인데, 그곳은 목장과 과수원이 독특한 풍경을
이루는 산악지대였다.

　내가 가르나타에 입성했으나 그 지역의 술탄은 병을 앓고 있
어 만날 수 없었다. 그 대신 그의 모친이 내게 금화를 보내왔고,
그곳에서 한 무리의 고향 사람들을 만났다(그중에는 후일 여행기를
적은 역사학자 이븐 주자이도 끼어 있었다).

　나는 다시 귀로에 올랐다. 오던 길로 그대로 되밟아 와서, 정

이븐 바투타가 방문했던 14세기 이베리아 반도는 무슬림 영토였던 그라나다 지역을 제외하곤 카스티야와 아라곤 왕국의 지배를 받고 있었다. 이베리아 반도는 아라곤의 왕 알폰소 11세가 죽은 직후여서 혼란스러운 상황이었다. 모로코에서는 안달루스로 건너간 상주자나 임시 거주자 또는 과객에게조차도 넉넉한 보상이 마련되어 있을 정도로 이베리아 반도 방문을 권장하고 있었다.

아랍의 이베리아 반도 정복은 우마이야 왕조 시절인 711년에 아랍 인과 베르베르 인으로 구성된 북아프리카 군대가 쳐들어오면서 시작되었다. 타리크 이븐 지야드가 이끄는 아랍 인과 베르베르 인으로 구성된 군대가 서고트 족을 물리치면서 이베리아 반도는 점차 아랍사회화되어 갔다. 9세기에는 아랍 어가 현지인들 사이에서 광범위하게 통용될 정도가 되었고, 다마스쿠스 방식의 관개시설을 도입함으로써 사회가 더욱 안정적으로 발전하는 계기가 되었다. 서지중해의 제해권을 장악했던 비잔티움 제국 해군의 전력 약화도 이베리아 반도의 상업 발전에 도움이 된다. 또한 세비야, 코르도바 같은 도시의 풍부한 농산물과 국제무역을 기반으로 번영을 누렸다. 그러나 11세기부터 이슬람 제국이 서서히 붕괴되면서 반대로 그리스도교 왕국들은 급속도로 팽창했다. 12세기 잠시 마라키시를 장악한 무와히드 왕국이 세비야와 코르도바를 정복하면서 1172년까지 무슬림은 스페인 영토 대부분을 점령한다. 하지만 국토회복운동을 국가적 과제로 내세운 그리스도교 세력이 등장하면서 스페인 내 무슬림 영토는 차례로 정복된다. 결국 1212년에 그리스도교 연합군에 패배한 이후 점차 그리스도교가 벌인 국토회복운동으로 영토를 빼앗기면서 13세기 중반 무슬림 수중엔 그라나다만 남게 되었다. 그리고 마침내 1492년 스페인에 마지막으로 남아 있던 무슬림 영토인 그라나다까지 빼앗기면서 무슬림은 영원히 스페인에서 쫓겨나게 된다.

마라케시 전경.

복의 산에서 지난번에 탔던 돛 2개짜리 작은 배를 타고 마그리브로 돌아와 사브타에 안착했다. 사브타에서 아쉴라로 가서 몇 달간 머문 뒤 살라로 갔다가 도착한 곳은 마라키시(오늘날 모로코 마라케시)였다. 마라키시는 상당히 파괴되었지만 매우 아름다운 도시로 유명하다. 특히 정교하게 건축된 마드라사가 있었고, 시장은 바그다드보다 좋았다.

마라키시에서 미크나사를 거쳐 수도 파스로 돌아와 주공께 작별을 하고 수단 지방, 즉 흑인 지역으로 떠났다.

파스를 출발해 첫 번째 도착한 곳은 시질마사다. 이 도시의 별미는 대추야자로, 특히 이란이라는 대추야자는 그 어느 곳에서도 본 적 없는 특종이었다. 나는 여기서 아부 무함마드 알 부쉬리라는 법학자 집에 여장을 풀었다. 알고 보니, 그는 바로 중국 칸잔푸에서 만난 사람의 형제였다. 형제가 그 얼마나 멀리 떨어져 있는가.

나는 여기서 극진한 대접을 받은 뒤 낙타 한 마리를 사고 4개월 치 사료를 장만해 1352년 2월 18일(이슬람력 753년 1월 1일) 시질마사의 대상들과 함께 서부 아프리카 장정에 올랐다.

우리가 25일 걸려 처음 도착한 곳은 타가자였다. 볼품없는 마을이었지만 집이나 사원을 소금 덩어리로 짓고 이엉은 낙타 가죽으로 엮은 모습이 기이했다. 나무 한 그루 없는 모래땅이지만, 모래 속에는 소금 덩어리가 그대로 묻혀 있었다. 그래서 땅을 파기만 하면 잘 조형된 소금 덩어리들이 드러났다. 어찌나 큰지 낙타로도 겨우 두 덩어리밖에 못 나를 정도였다. 이 마을엔 소금을 캐내는 마수파 족 노예들만 살았는데, 이곳에서는 금이나 은이 아닌 소금 덩어리를 잘라 화폐로 사용했다.

우리가 타가자에서 보낸 열흘은 고통스러운 나날이었다. 소금 때문에 물이 짜고 파리 떼가 득실거렸기 때문이다. 타가자는 보잘것없는 곳이지만 그곳의 소금 교역량은 어마어마했다.

다음 목적지까지는 온통 사막이었다. 열흘이나 걸어야 하는 사막에는 물이라곤 거의 없기에 미리 물을 준비해야 했다. 사막을 지나다 우연치 않게 빗물이라도 괴인 못에서 물을 발견하면 실컷 마시기도 하고 옷도 빨았다. 사막을 다니다 보면 목에 수은이 묻은 줄을 걸고 다니는 사람들 모습을 볼 수 있는데, 이는 사막에 득시글거리는 이를 수은이 없애 주기 때문이라고 한다.

우리 일행은 대상보다 앞서가서 방목할 만한 곳이 있으면 가죽을 풀어놓곤 했다. 그러다가 일행끼리 말다툼을 하여 함께 간 사람이 길을 잃고 낙오되었다. 그는 한참 뒤 사막의 자그마한 나무 아래서 채찍을 쥐고 죽은 채 발견되었다. 물은 그곳으로부터 1.5킬로미터쯤 떨어진 곳에 있었다. 그다음부터는 나도 일행에 앞서지도 뒤처지지도 않게 함께 이동했다.

이렇게 어렵게 도착한 다음 곳은 타사라흘라였다. 사람들은 보통 이곳에서 사흘 정도 머무는데, 지하에 고인 물이 있기 때문이다. 여기서 물주머니도 수리하고 물도 채운다. 또한 다음 여행을 수월하게 하기 위해 타크시프를 고용한다. 타크시프란 대상이 고용하는 마수파 족의 연락원을 말하는데, 대상이 도착할 목적지에 먼저 가서 대상을 위해 물과 집을 빌려 놓고 영접을 나오는 역할을 한다.

사막에는 마귀가 많다. 타크시프가 혼자 가면 곧잘 나타나 타크시프를 희롱하며 유인해 간다. 그러면 타크시프는 길을 잃고 방황하다 결국 죽고 만다. 사막에는 따로 길이 없다. 발자국마저도 찍혀 있지 않다. 그저 바람에 흩날리는 모래뿐. 눈앞에 모래산이 보이다가도 홀연 다른 곳으로 옮겨 가기 일쑤다. 우리가 고용한 타크시프는 한때 병을 앓아 한쪽 눈이 애꾸인데도 누구보다도 길을 잘 아는 것이 신기했다.

인적이 거의 없는 사막에서 강도 걱정은 없다. 그 대신 떼로 몰려다니는 야생 소들이 골칫거리다. 이 소들은 무리를 지어 사람들에게 달려들기 때문이다. 그러면 개를 풀거나 아니면 활을 쏘아 잡기도 한다. 하지만 고기를 먹으면 오히려 갈증이 나기 때문에 사람들은 모르는 척하고 일부러 그냥 지나친다.

이레째 되는 날 밤, 우리 일행은 마중 나온 사람들이 지핀 불길을 멀리서 발견했다. 넉분에 사막이 대낮처럼 환하게 밝아 사람들은 한시름 놓고 환희에 휩싸였다. 이들이 갖고 온 물을 말들에게 먹이고 나서 우리는 일찍이 경험해 본 적이 없는 몹시 더운 날씨의 사막으로 들어섰다.

우리 일행은 3월 초 시질마사를 떠난 지 꼭 두 달 만에 이왈라탄에 도착했다. 이곳은 흑인들의 첫 영역으로 술탄의 대표는 파르바 후사인이다. '파르바'는 대표라는 뜻이다. 우리가 도착하자 상인들은 화물을 광장 한 곳에 모아 놓고 흑인들에게 보호를 맡긴 뒤 파르바를 예방했다. 그는 상인들과 가까이 있었지만 상인들을 폄하하는 의도에서 통역을 통해 대화를 했다. 나는 흑인들의 이런 무례와 백인을 홀대하는 그들을 보고 이 고장에 온 것을 못내 후회했다.

홀대는 여기서 그치지 않았다. 만샤주라는 감독관이 대상 일행을 초대해 나는 마지못해 그 속에 끼어 자리에 참석했다. 그러나 식사라곤 잘게 빻은 안리(기장 비슷한 곡물)에 약간의 꿀과 우유를 섞은 것을 큰 접시 반쪽에 담아 놓은 것이 전부였다. 참석자들은 그것을 한입에 마신 뒤 자리를 떴다. 나는 그들에게

"고작 이것을 가지고 우리를 청했다는 말입니까?"라며 언짢아했더니 그들은 "우리로선 이것이 대단한 대접입니다"라고 응수했다. 순간 나는 그들에게서는 아무것도 바랄 것이 없음을 깨달았다. 그래서 잠시 이곳을 떠날까도 고민했지만, 그들의 왕도에 한번 가 보고 싶어졌다.

대상 일행이 이왈라탄(오늘날 세네갈 동부의 한 부족 이름으로, 왈라타라 부름)에서 50일간 머무는 바람에 나도 함께 있을 수밖에 없었다. 이왈라탄 주민 대부분은 마수파 족으로, 여인들은 예쁘며 지위도 남성들보다 높았다. 이들은 내가 속한 이슬람과는 다른 문화를 보여 주었다. 예를 들어 이왈라탄의 남성들 가계는 아버지가 아니라 외삼촌에게 속한다. 그래서 상속도 자식이 아니라 조카에게 한다. 나는 이런 현상을 인도 물라이바르 지방(오늘날 동인도 해안에 있는 도시 말라바르)의 이교도에게서 유일하게 본 적이 있었다. 그러나 이왈라탄 사람들은 무슬림으로 예배도 하고 교법도 배우며 꾸란도 암송한다. 여성들은 남성들 앞에서 부끄러워하지 않으며 얼굴도 가리지 않았다. 그렇지만 그녀들은 예배만큼은 경건하게 지키고 있었다.

나는 이곳에서 다시 말리를 가 보기로 결심했다. 이왈라탄에서 부지런히 가도 24일 걸리는 거리였다. 길이 안전해서 동행자는 필요 없었지만, 길잡이 한 명을 고용했다. 열흘간 걸어서 자가리(오늘날 다우라, 일명 '투르-쌍라'라고도 함) 마을에 도착했다. 자가리는 큰 마을로 흑인 상인들이 살고 있었다. 자가리 인들은 무슬림으로 신앙심이 돈독하고 알고자 하는 욕구가 강했다.

자가리로부터 이른 곳은 나일 강이다(실제로는 니제르 강이지만 이븐 바투타가 나일 강으로 잘못 알았다). 이어 말리의 변방인 물리를 지나 유피로 들어섰다. 이곳 역시 흑인 지역 도시 중 큰 도시였다. 백인들은 살해될 위험이 있어 그곳에 들어갈 수 없었다. 나일 강(니제르 강)은 이 지역을 지나 누바(오늘날 수단 북부에 있는 누비야, 기독교 지역)로 흘러갔다.

우리 일행은 통상허가를 받아 흑인의 왕도인 말리(오늘날 야나마니, 고대 말리 왕국의 수도)에 도착했다. 도착한 지 10일 만에 토란 비슷한 것으로 쑨 죽을 먹어 보았다. 그들이 가장 좋아한다는 음식인데, 우리 일행 6명은 모두 병에 걸리고 말았다. 나는 아침

사하라 이남의 서아프리카는 인도네시아나 말레이시아와 비슷한 과정을 거쳐 이슬람교가 퍼졌다. 정복이나 국가의 관리하에서 이슬람이 전파된 것이 아니라 무슬림 상인이나 교사 등을 통해 전파되었으며, 곳곳에 있던 무슬림 공동체가 연결 수단이 되어 교역망이 형성되었다.

때론 무슬림이 비무슬림 사회에서 소수자로 평화롭게 살아가는 경우도 있었다. 9세기에 가나 왕국이 성립된 후에는 사하라 무역을 둘러싸고 베르베르 인과 협력과 경쟁관계를 함께 유지했다.

아프리카 인 지도자들은 이슬람교로 개종했더라도 전통적 권력 형태를 계속 이어갔다. 말리의 만사 무사(1307~1332)는 이슬람을 국가 종교로 만든 최초의 아프리카 지도자이다. 이븐 바투타가 방문했을 당시는 세 번째 왕으로 1341년부터 1360년까지 재위했다.

예배 중에 졸도해 버렸고, 일행 중 한 명은 끝내 눈을 감고 말았다. 우리는 식물 뿌리로 된 설사약을 받아서, 미나리과의 풀과 설탕을 섞어 물에 타 마시고, 쓸개즙이 나오도록 먹은 것을 다 토해 내고서야 병이 나았다. 그 후로 병은 나았지만 두 달간 시름시름 앓아야 했다.

말리의 술탄은 만사 술라이만이다. 만사는 술탄이란 뜻이고, 술라이만은 본인의 이름이다. 흑인들은 군주에 대한 충성이 강해서 무슨 선서를 할 때면 꼭 술탄의 이름으로 '만사 술라이만키'라고 했다. 또 만약 술탄과 이야기를 나누다가도 술탄으로부터 어떤 답변이라도 들으면 옷을 벗어 등을 보이도록 한 뒤 마치 물을 뿌리듯 흙을 머리와 등에 뿌렸다. 이렇게 옷을 벗고 흙을 뿌리는 것은 그들의 술탄에 대한 예의였다.

그러나 정작 술탄은 인색한 사람으로 그에게서 큰 은덕을 기대할 수 없었다. 내가 머무는 동안 병 때문에 술탄을 만나지 못하다가 나의 주공 아부 알 하산의 추모 자리에서야 술탄을 만날 수 있었다. 추모가 끝나고 돌아오자 술탄은 사람을 시켜 선물을 보냈는데, 빵 세 장에 가르티를 섞어 지진 소고기 한 덩이, 그리고 응고된 우유가 들어 있는 호리병 박이 전부였다. 비단옷이나 금전을 기대했던 나는 쓴웃음을 지었다.

그 뒤에도 나는 이곳에서 두 달을 더 머물렀다. 그러나 그동안에도 술탄은 내게 아무것도 보내지 않았다. 금식월에 접어들어 나는 술탄의 알현전에 드나들며 이야기를 나눌 기회가 있었다. 그때 나는 통역을 통해 술탄에게 "제가 세상 곳곳을 돌아다니며 여러 군주를 만났습니다만 당신과 같은 분은 처음입니다. 귀국에 체류한 지 수개월이 지났음에도 한 번도 저를 대접한 일도 없고 하사한 것도 별로 없으십니다. 이제 제가 다른 술탄들에게 당신에 대해 뭐라 이야기해야 할지 모르겠습니다"라고 말하자, 술탄은 "당신은 본 적이 없는 생면부지입니다"라고 말하는 것이 아닌가. 그러자 옆에 있던 법관이 전에 만난 적이 있다고 하자 그제야 집 한 채와 생활비를 지급하라고 했다.

술탄이 그 누구의 부정도 용납하지 않기에 말리에는 부정부패가 적었다. 그래서 말리 전역을 누구든 안전하게 다닐 수 있었다. 또한 그 지역에서 사망하는 백인의 유산에도 관여하지 않았다. 죽은 이에게 아무리 유산이 많아도 믿을 만한 백인에게 맡겨 두었다가 합법적인 상속인에게 물려주도록 했다. 또 예배를 열심히 하는 것도 그들의 장점이었다.

나는 종교적인 면에선 말리 사람들을 칭찬했으나 그들의 풍속은 비판하지 않을 수 없다. 가장 크게 싫어했던 점은 시녀나 종비, 어린 처녀들이 나체로 치부를 드러내 놓고 다니는 것이었다. 종비들이 벌거벗은 채로 음식을 나르거나 사춘기 처녀들이 가슴을 드러내 놓고 다니는 것은 못마땅했다.

1352년 6월 28일(753년 5월 14일) 말리에 들어온 나는 1353년 2월 27일(754년 1월 22일) 그곳을 떠났다.

말리에서 미마 길을 따라 전진하면서 나일 강(니제르 강)의 지류를 만나 배로 강을 건너게 되었다. 그 길목에서 나는 처음으로 하마를 보았다. 강가에서 몸집이 우람한 짐승 열여섯 마리를 발견하고선 나는 깜짝 놀랐다. 그 지역엔 코끼리가 많아서 처음엔 코끼리인 줄 알았으나 물속에 들어가는 모습을 보고선 "저것들은 도대체 무슨 동물입니까" 하고 묻지 않을 수 없었다. 그러자 "저것은 하마인데, 육지에 나와서 풀을 뜯어 먹고 삽니다. 말보다 더 크며 갈기와 꼬리도 있습니다. 머리는 말과 비슷하지만 다리는 코끼리 다리 같지요"라고 설명해 주었다. 나는 나일 강에서 배를 타고 갈 때 다시 한번 하마를 보게 될 기회가 있었다. 물에서 헤엄치면서 이따금 머리를 들고선 숨을 내쉬었는데, 그때마다 뱃사람들은 하마가 배를 침몰시키지 않도록 하기 위해 배를 강가에 바짝 붙여야 했다.

그다음에 내가 찾아간 미마라는 곳은 식인종들이 사는 이교도 지방이었다. 그러나 식인종들은 백인을 먹으면 설익어서 해롭다고 생각하기 때문에 잡아먹지 않는다고 했다. 그들이 맛있어 하는 고기는 흑인으로, 특히 여인의 손바닥과 젖가슴 부위를 좋아한다. 한번은 그들이 말리 술탄을 방문한 적이 있는데, 술탄은 그들을 환대하고 시종 한 명을 하사했다. 그랬더니 그 시종을 잡아먹고 얼굴과 손에 피를 묻힌 채 술탄을 찾아와 감사를 표했다. 그들은 이렇게 파견된 사람을 잡아먹는 것을 예절로 여겼다.

미마를 떠나 툰부크투에 이르렀다. 이곳에서 나일 강(니제르 강)까지는 약 6킬로미터 거리다. 툰부크투에서 통나무를 다듬어 만든 자그마한 배를 타고 나일 강을 따라 나갔다. 밤이면 마을에 내려 머물면서 필요한 식품이나 소금, 향료, 유리 장식품 등을 구입했다. 강을 따라가다가 이른 곳은 카우 카우(오늘날 토고)였다. 나일 강(니제르 강) 옆에 자리한 큰 도시로, 흑인들의 도시치고는 아름답고 크며, 가장 풍족한 도시 중 하나였다. 그곳에는 쌀과 우유, 닭, 물고기 등 산물이 풍족했다. 주민들은 조가비를 유통수단으로 하여 물건을 사고파는데, 이는 말리도 마찬가지였다. 나는 여기서 약 한 달 동안 머물렀다.

카우 카우부터는 육로로 이동했다. 대규모 대상들과 함께 출발해 도착한 곳은 바르다마 지방이었다. 여기는 베르베르 족들이 살고 있어서 그들의 보호 없이는 대상들이 움직일 수 없었다. 베르베르 족은 여자의 지위가 남자보다 높았다. 그들은 유목민이어서 한 곳에 정착하지 않기 때문에, 집은 이동하기 쉽게 특이한 형태로 지었다. 집은 나뭇가지를 세워 놓고 그 위에 기직(왕골 껍질이나 부들 잎으로 만든 돗자리)을 씌운 다음, 그 위에 또 나뭇가지를 얽음새로 올려놓는다. 마지막으로 다시 가죽이나 면 천을 덧씌우면 완성된다.

바르다마의 여인들은 절색이었다. 희고 맑은 살결과 포동포동한 몸매에 더없이 완벽한 미색과 예쁜 용모를 빠짐없이 갖추고 있었는데, 그 어느 곳에서도 그녀들처럼 그토록 포동포동한 여인들을 본 적이 없다. 그녀들의 주식은 소젖과 옥수수로, 물

만 타서 아침저녁으로 마셨다. 그녀들과 결혼하려면 그녀들의
집과 가까운 곳에 살기만 하면 된다. 그러나 그녀들을 데리고
카우 가우나 이왈라탄을 벗어나서는 안 된다. 나는 그곳에서 무
더운 날씨와 담즙과다증으로 그만 병에 걸리고 말았다.

얼마 뒤 병을 회복한 나는 일행들과 걸음을 재촉해 타캇다에
도착했다. 이곳에는 전갈이 많은데, 미성년 어린이들은 전갈에
물리면 목숨을 잃었다. 하지만 어른은 그런 경우가 드물었다.
물은 구리광산 때문에 색과 맛이 다 변해 버려서 농작물은 밀만
조금 있을 뿐이었다. 그래서 타캇다 사람들이 하는 일은 장사밖
에 없었으나 그런대로 생활은 넉넉한 편이었다. 이들은 노예나
시종을 많이 갖고 있는 것을 자랑으로 여겼다.

타캇다 시외에 있는 구리광산에서는 노예나 시종들이 땅속
에서 광석을 캐내 집에 가져가 구리로 주조했다. 길이가 한 뼘
반쯤 되는 구리봉을 만들어, 그들의 통화로 사용했다.

타캇다에 있는 동안 나는 주공으로부터 성도로 귀환하라는
명령을 받았다. 나는 이 명령에 따라 귀향길에 올랐다.

1353년 9월 11일(이슬람력 754년 8월 11일)에 나와 일행은 70일분
의 식량을 챙기고 낙타 두 필을 구입해 타와트로 향했다. 3일간
사람 흔적 하나, 물 한 방울 없는 황야를 지나고 또 15일간 물만
있는 황야를 거쳐 이집트로 가는 분기점에 이르렀다. 이곳은 철
광지대를 흐르는 지하수 때문에 흰옷을 빨면 금방 검은색으로
변했다.

그곳으로부터 다시 열흘을 걸어서 금식월 때엔 핫카르 인 지역에 이르렀다. 핫카르 사람들은 베르베르 족의 일족으로 얼굴을 가리고 다닌다. 그들에게 쓸 만한 것이라곤 아무것도 없었다. 그래서 대상을 노략질하며 살지만 금식월 시기만은 대상을 습격하거나 노략질하지 않았다. 도둑이라도 금식월 기간엔 길에 떨어진 물건도 건드리는 일이 없었다.

우리 일행은 한 달 동안 핫카르 인 지역을 지나 식물은 적고 돌만 가득한 지역을 거쳐 개재절 날에 베르베르 인 지역에 당도했다. 다음으로 도착한 부다는 타와트에서 큰 마을 중 하나였다. 우리는 그곳에서 며칠을 묵었다. 그리고 다시 대상을 따라 11월 중순엔 시질마사에 도착했고, 대단히 추운 시기인 12월 2일에 그곳을 떠났다. 길가엔 눈도 많이 내렸다. 나는 일찍이 부하라와 사마르칸트, 후라산 그리고 소아시아 지방에서 험악한 도로와 큰 눈을 목격한 바 있었다. 그러나 주나이바 길보다 더 험난한 길을 겪은 적도 없다. 아드하 절 전날 밤에 우리는 다룻 탐아에 도착해 거기서 명절을 쇠었다.

그리고 마침내 나는 수도 파스에 도착해 기나긴 여행의 마침표를 찍고 드디어 정착했다.

여기까지가 흔히 말하는 『수방편답기문보록』이라는 여행기이다. 이 이야기는 1355년 12월 9일(이슬람력 756년 12월 3일)에 끝마쳤다.

지은이 | **김승신**

프리랜서 방송작가이다. KBS에서 여행, 책, 과학, 역사 프로그램을 주로 집필했다. 한국문명교류연구소 문명 답사 기행에 도반으로 참여했다.

감수자 | **정수일**

사단법인 한국문명교류연구소 소장이다. 지은 책으로 『신라, 서역교류사』, 『세계 속의 동과 서』, 『기초 아랍어』, 『실크로드학』, 『고대문명교류사』, 『문명교류사 연구』, 『이슬람문명』, 『소걸음으로 천리를 가다』, 『한국 속의 세계(상·하)』, 『실크로드 문명기행-오아시스로 편』, 『문명담론과 문명교류』, 『실크로드 사전』, 『실크로드 도록(육로·해로)』, 『초원 실크로드를 가다』, 『해상 실크로드 사전』, 『문명의 보고 라틴 아메리카를 가다(1·2)』, 『문명의 요람 아프리카를 가다(1·2)』 등이 있다. 역주서로 『이븐바투타 여행기』, 『혜초의 왕오천축국전』, 『중국으로 가는길』, 『오도릭의 동방기행』이 있다.
실크로드학 연구성과를 집대성한 저서 『실크로드 사전』(제54회)과 역주서 『이븐바투타 여행기』(제42회)로 한국출판문학상을 수상했다.

10대를 위한
이븐 바투타 여행기

1판 1쇄 발행	2019년 3월 30일
1판 2쇄 발행	2020년 10월 30일

지은이	김승신
감 수	정수일
펴낸이	조추자
펴낸곳	도서출판 두레
등록	1978년 8월 17일 제1-101호
주소	(04207)서울시 마포구 마포대로 14가길 4-11
전화	02)702-2119(영업), 02)703-8781(편집)
팩스 / 이메일	02)715-9420 / dourei@chol.com

기획·편집 장우봉 | **디자인** 최진아 | **영업** 신태섭

ISBN 978-89-7443-120-4 43900